読みなおす日本史

食の文化史

大塚 滋

吉川弘文館

目次

肉食の文化史

肉食と残酷

肉、というと私たち日本人は、肉屋の冷蔵ケースに整然と切り並べられた切身を思いだすし、肉料理ということになると、しゃれたレストランの野菜やポテトにいろどられたステーキの皿ぐらいを思いだす。が、「西洋の肉食」つまりヨーロッパ人の家庭の食事は、私たちが日本にあるフランス料理のレストランあたりから想像するきれいごとの食べ方とは、どうやらすこしちがうらしい。竹山道雄氏はパリのある家庭で暮らしたとき、そこで供された家庭料理について、次のように述べている。

ある時は頸で切ったおんどりの頭がそのまま出た。まるで首実検のようだった。（略）

あるときは犢《こうし》の面皮が出た。青黒くすきとおった皮に、目があいて鼻がついていた。

ウサギの丸煮はしきりに出たが、頭が崩れて細いとがった歯がむき出していた。いくつもの管がついて人工衛星のような形をした羊の心臓もおいしかったし、原子雲のような脳髄も悪くはなかった。（略）

あるとき大勢の会食で、血だらけの豚の頭がでたが、さすがにフォークをすすめかねて私はいった。

「どうもこういうものは残酷だなあ――」

一人のお嬢さんが答えた。

「あら、だって、牛や豚は人間に食べられるために神様がつくってくださったのだわ」

幾人かの御婦人たちが、その豚の頭をナイフで切りフォークでつついていた。

――貴重な経験だ。海外渡航ブームとかでたくさんの日本人がヨーロッパやアメリカをおとずれているし、これからもふえる一方だろうが、こういうご馳走にあずかる人はまずいないだろう。たいていはとりすました、よそゆきの料理をふるまわれるだけだ。私自身、二年間のアメリカ滞在中や、その後の訪米のたびに、いろいろな家庭でご馳走になったが、たいていはせいぜい血のしたたる上等ステーキ、ローストビーフ、コールドビーフの類で、豚の頭や牛の顔の皮にお目にかかったことはなかった。それでいて、知合いのセントルイス出身の神父さんが折りに触れて涙を流さんばかりになつかしむのはグレン・ミラー楽団と豚の脚や頭のシチューなのだ。

たしかに私たちと欧米人との間には、動物を食する姿勢について、根本的なちがいがあるようだ。それは単に「肉」を食うというよりも、動物のからだ全体を神が人間に与えた人間の食物と考える、いやにおおらかな感覚なのだ。切身になった肉（つまり食品）など、かれらにとって肉食の一部にしかすぎないらしい。

だから、かれらの姿のままであろうがなんだろうが、動物を殺して食べて残酷とは感じない。いや、〝残酷〟の感じ方がちがう。竹山道雄氏は豚の頭が食えないでいると、みんなに笑われるので、一応弁明した。

「日本人はむかしから生物をあわれみました。小鳥くらいなら、頭からかじることはあるけれども」

こういうと、今度は一せいに怖れといかりの叫びがあがった。

「まあ、小鳥を！　あんなにやさしいかわいらしいものを食べるなんて、なんという残酷な国民でしょう」

（引用は竹山道雄著『ヨーロッパの旅』より）

小鳥だけではない。欧米人の中には尾頭《おかしら》つきの美しい鯛の塩焼きを見ると、とたんに食欲をなくしてしまう人もある。日本料理でも最高の料理の一つとされる鯛の目玉のところの潮汁《うしお》も、かれらにはひどいショックを与えるらしい。以前、アメリカの婦人に日本料理をご馳走した折り、その人は出てきた吸物椀のふたを取ってちょっとのぞくなり、パタンとふたをしめて、私をこわい目つきでにらんだ。悪質ないたずらと思ったようだった。

原始と肉食

人類の食生活は肉食から始まった、といわれている。農耕も知らず、その日その日を生きることにせい一杯だった原始人にとって、狩りに出て得る鹿や猪はたいへん手っ取り早いご馳走だったことだろう。日本人だって、もともと肉食をけぎらいしていたわけでもない。日本の縄文時代の貝塚にはたくさんな貝殻に混じって、熊、鹿、猪、猿、兎、狸などの骨が出土している。雉、鶴、鴨、雀などの鳥類の骨もある。鷲や鷹の骨まである。

貝塚に貝殻がやたらに多いので、それに目を奪われて、私たちの祖先は海岸に出て貝でも拾って日を送っていた平和的な民族と思いがちだが、なかなかどうして、獣や魚の骨でモリを作って狩りにいそしんでもいた勇壮な民族だったのだ。

時代が降って稲作が盛んになり、穀物が主食となった『万葉集』の時代にも次のようにうたわれている。

丈夫《ますらを》は御狩に立たし乙女らは赤裳裾引く清き浜辺を　（山部赤人）

（若者たちは狩りに出て、乙女たちは赤い裾を引いて浜辺に遊んでいることよ）

明日香高松塚古墳の壁画で私たちの見たあの美しい乙女たちの姿が目にうかぶ。

狩りで捕えられ食べられるほう、つまり動物たちの側からの歌もある。鹿の身になって作られた歌には次のような一節がある。

わが肉《しし》は　御鱠料《みなますはやし》　わが肝も　御鱠料　吾がみげ（胃）は　御塩の料……

（私の肉や肝は人間のためのなますの材料、私の胃は醬《ひしお》の材料……）

なますは生の獣や魚の肉の切身を酢につけた料理、醬は魚や動物の肝などを塩につけておいて作った調味料で醤油の先祖だ。鹿は猪と並んで飛鳥時代から奈良時代にかけての重要な食用動物だった。この歌で見てもわかる通り、われわれの祖先もまた動物の肉や肝はなますにして食べ、胃袋その他の臓もつは調味料の材料にして、あますところなく食べていたのだ。

猪も盛んに食べられていた。大阪市には「猪飼野《いかいの》」という町があるが、これは浪速《なにわ》に都した仁徳天皇の時代に豚を放し飼いにしたところだという。そのほか『古事記』や『日本書紀』には、猪飼《いかい》、猪《い》甘首《かいのおふと》、猪甘津《いかいつ》、猪甘槽《いかいふね》などの人名や地名が出てくる。猪を飼う役や職があったことも、これらの名から想像される。

このような状況がもしこのまま進めば、日本は肉食民族——少なくともこれほど魚にばかり執着しはしない民族——としての歴史をきざんでいたかも知れない。

それを変えたのは、一片の勅令だった。吉野から近江へ攻め入って「壬申の乱」をかち取って、神とあがめられた天武天皇は仏教を信仰するのに熱心で、飛鳥に即位して四年目に、「きょうから後は漁や狩りをしてはならない。わなや落し穴などを作ってはならない。牛、馬、犬、猿、鶏の肉を食べてはならない。もしそむくものがあったら罰する」という詔令を出した。「肉食日本」が消え去る第一歩だった。

これからみると、それまで日本人は大いに牛、馬、犬、猿、鶏などの肉も食べていたことになる。だから、万葉前期中期の歌人たちは、ためらいもなく畜肉を食べていたわけだ。『万葉集』の特徴となっているあの奔放で露骨な、たとえばスペインかスウェーデンみたいな享楽的な声調は、あの時代を肉食の時代、少なくとも時にふれて獣肉をむさぼり食っていた人たちの時代、と想像する時、はじめてしっくりするような気がする。

この禁令の中には猪や鹿はないが、それから四十五年後の元正女帝の詔令には、仏教ばかりでなく儒教や道教の教えにも結びつけて、犬、鵜、鶏、猪などはみんなもとのところに放ってやって「其の生を遂げしむべし」とある。

降って平安時代には牛や馬の肉を食べるものは鬼のような人とみなされた。しかし、そのうちに鶏は例外とされ、雉や小鳥などの鳥類は食べてもよいことになった。狩りの勇壮さは「丈夫」たちの心を捉えたし、なんといっても鹿や猪の肉はおいしかった。狩りは盛んに行なわれ、貴族たちはそんな時「薬猟（薬草とり）」とこじつけをいって鳥以外のけもののもとって食べていた。が、庶民の食卓からは、けものは姿を消した。

『今昔物語』には、平安時代のはじめに、ある尼さんが腰の病気で立ったり坐ったりもできなくなった時、医師が、これはからだが疲れて出た病気だから、「すみやかに肉食を用うべし。そのほかに療治にかなうべからず」と肉食をすすめたが、「戒律を犯してまでなおりたいとは思わない」といって念仏を唱えて死んだ、という話が、たぶん一種の美談として伝えられている。

切支丹と肉食

そして、そんな状態はそれから約千年後の幕末まで続いたわけだが、その間に一部の日本人が獣肉に触れる機会があった。天文十八年（一五四九）、群雄割拠の日本にフランシスコ・ザビエルと、それに続いて多くの宣教師たちがヨーロッパからやってきた頃だった。ある年の復活祭に一人の宣教師は信者のために、「牡牛一頭を買い、その肉とともに煮たる米を彼ら（日本人）に供せしが、皆大なる満足をもってこれを食べた」（「耶蘇会士日本通信」）と本国に書き送っている。

織田信長は貿易上、また政策上からでもあろう、キリスト教に好意的で、「南蛮」ふうの服装をしたり肉やパンを好んで食べたというし、豊臣秀吉もスペインの船が土佐に漂着した時、豚二百匹、鶏二千羽を与えるなど、好意的だった。民衆の間にも、少しは肉食が広まっていった。ある本には、「ちかごろ、切支丹が日本へ来て、京都の人たちは牛肉を〝わか〟と呼んでもてはやしている」というくだりがある。〝わか〟はポルトガル語で牛肉（Vacca）のことだ。もし信長が本能寺で死ななかったら、そして、もし豊臣家が家康に亡ぼされなかったら、日本の近代食生活はずいぶんちがった展開のしかたをしていたことだろう。

が、寛永十六年（一六三九）家光による鎖国の断行によって、キリスト教は禁止され、日本は獣肉の味を忘れてゆき、ふたたび仏教にひきずられた魚と野菜に頼る独特の江戸の食文化を完成させていった。宣教師たちによって伝えられた「南蛮料理」も、いつか魚貝中心の日本料理の中にとり入れられていった。もっとも、オランダ人だけはまだ長崎出島に残っていた。蘭学者たちには将軍家に肉食をすすめるものもあった。だから、将軍家ではこっそり肉類を食べていたらしい。元禄のころから彦根藩では牛肉のみそ漬けを幕府に献納していたという。からだの悪い人や養生のために「薬食い」と称して、少しずつ牛肉を食べることもあった。

それにしても、飛鳥・奈良時代の「薬猟」といい、江戸時代の「薬食い」といい、貴族や大名はなんとか理由をつけて牛肉を食べていたわけで、上つ方が庶民とは別の楽しみを持つことは、古今東西を問わない。

文明開化と牛肉

幕末になると、続々と外国人が渡来し始めたが、やって来た連中にとって日本はまったく牛肉が食べられない、つらい土地だった。ペリーはそのことを特筆して本国へ書き送っている。が、そんな中にも、牛肉を食べることはだんだんに庶民のあいだに行なわれるようになり、やがて公然と牛肉が食べられるようになった。

文久二年（一八六二）横浜で居酒屋をしていた伊勢熊という男が牛鍋屋を開いたのが、日本における牛肉店のはじまりだ、といわれている。伊勢熊は本邦初の牛肉屋というアイディアに酔って女房に相談したが、女房は、「そんなけがらわしいものを売るなら離婚してからにしてくれ」といってきかない。しかたがないので一軒の家を二つに仕切り、一方では女房が居酒屋を続け、片方では伊勢熊が牛肉店を営業することになった。はじめのうちは居酒屋の方だけはやって、牛肉屋には人が来ず、伊勢熊は困っていたが、そのうちに牛肉のよいにおいがするので居酒屋の客で牛肉に手をだすものも出て、食べてみるとおいしいので、日ましに繁昌するようになった。それで、女房も折れて、中仕切りを取り払って牛肉店として、夫婦は仲なおりした、という話が伝わっている（『ものしり事典』より）。

牛鍋屋もあちこちにふえていった。もっとも、当時の牛肉屋は、ふがいないもので、牛肉は売っていても牛や豚を殺せなかったらしい。後に『肉食の説』を書いて明治の世に大いに肉食をすすめた福沢諭吉は、大阪の緒方洪庵の書生だったころ、難波橋の近くの牛鍋屋のおやじに豚を殺すことを頼まれて、豚の足をしばって川へつっこんで殺してやった話を書いている。

畜生を殺すのは残酷だとか、畜生を殺したら、土地がけがれるとかいう考え方も強かった。同じ福沢諭吉によれば、

「当時屠殺は大騒ぎで、けがれぬようにと青竹を四本立て、それに御幣を結び、注連《しめ》を張る中へ牛をつなぎ、カケヤで撲殺してから、ほんの上肉だけを取り、残りはみな土中に深く埋め、坊さんがお経をあげるという始末だった」という（『食物史』）。

しかし、牛肉は「文明の薬」とされた。「千効万能の苦薬を喫するは一鍋の牛肉を食うにしかず」とまでいわれた。

長崎や薩摩あたりでそっと食べられていた豚肉も、牛肉の流行とともに大いに食べられるようになった。また、十五代将軍一橋慶喜は豚を好んで食べたので「豚一さん」とアダ名されたという。「西

洋」を否定し、食生活の面からいえば、肉食を否定することからはじまった徳川幕府だった。そこへ「西洋」の肉食が浸み透っていくのをどうすることもできない幕末。そして、豚好きをかくそうともしない将軍の挿話には、尊皇討幕の志士たちの活躍とは別のところで、幕府の落日を見る思いがする。

そして、明治五年には明治天皇が宮中ではじめて牛肉を試食された。西洋文明の吸収に急だった当時の日本では、政府にとっても牛肉こそは文明開化の目玉商品だった。たくさんの肉食奨励の本が現われ、日本人はだんだん牛肉を好きになっていった。

「牛肉の人におけるや、開化の薬舗にして文明の良剤なり。その精神を養ふべく、その腸胃を健やかにすべく、その血脈を助くべく、その皮肉を肥すべし……」（『東京繁昌記』による）

〝薬猟〟のころから幾百年、〝薬食い〟のころからも百年あまり、こうして肉食ははじめて庶民のための「薬剤」となったのだ。

しかし、牛肉好きになったといっても、日本人は牛鍋やすきやきなど、牛肉を野菜類といっしょに醤油で煮るという、しごく日本的な料理で食べ始めた。また牛肉を刺身にして食べることもはやったらしい。その他、前に述べたみそ漬けなど、つまり、従来の魚料理の魚の代りに肉を使ってみただけだった。そして、その食べ方は大正を通りすぎて、昭和の前半まで続いた。それは「肉食」ではあっても、決して「洋風化」ではなかった。だから日本人はもっぱら魚肉なみの軟らかい肉にあこがれ、松阪肉、神戸肉など、世界にも類のない軟らかい肉を作り上げた。それをまた厚さ一ミリぐらいに切って湯につけて食べる「しゃぶしゃぶ」は、牛肉の日本的洗練の極致といえるだろう。そこには冒頭に書いた欧米式野性的肉食の片鱗もない。

あるオーストラリア人が日本に来て、日本の牛肉を食べて文句をいった、という記事を目にしたことがある。

「オーストラリアでは牛肉とは固いやつをムリに歯でかみくだくものだ。日本の牛肉を食うのに歯はいらない。歯のいらないものは肉ではない」

オーストラリアからは生肉も輸入されているが、固いからといって文句をいうのはお門違いということになりそうだ。ただし、最近は日本人用に特に軟らかくした肉が輸入されている。

日本人がステーキやローストビーフなどの「歯の要る」肉の食べ方に少しずつ親しみ出したのは、太平洋戦後、ここ二十年ぐらいのことだ。今では若者の嗜好は一直線に「肉食」に向いている。世界じゅうの牛肉の食べ方が日本では味わえるといわれる。それでも、日本人の牛肉消費量はヨーロッパ人の数分の一。肉を主食とするかれらにくらべれば、日本人の肉食は「肉食のままごと」だといわれる。日本人は動物性蛋白のとり方が少ない上、その半分以上は魚介類に頼っている。日本人の肉食はいま始まったばかりといっていい。

現在、人間の食べものになっている動物は草食獣（牛や羊）か雑食獣（豚など）だ。つまり、人間がそのままでは食べられないものを人間に有用な蛋白質や脂肪に変えてくれる、たいへんありがたい加工装置といえなくもない。人口の増加と、それに伴う食糧危機の到来が憂慮されているが、将来は豚や牛を農業や公害のない工場の中で特別の飼料で「生産」する時が来るといわれている。その考え方の中には、冒頭のヨーロッパ人のように、牛や豚の生命をひたすら「神が与えた」人間の食物とする思想がいやに明確に横たわっている。

残酷な話だ。が、それに目をつむらねばならないだけ、人間の世界はさし迫っているのである。

豚肉考現学

豚肉をタブーとする国々

たべものの禁忌（タブー）は、もともと宗教や迷信に根ざしたものが多く、科学的合理主義が人間の〝進歩〟の目標のようになっている今日、これらのタブーは世界中で多かれ少なかれ、だんだん影をひそめつつある。そんな中で、いまだに豚肉ほど強いタブーの対象にされているたべものも珍しい。それに、豚肉を食べない民族や信者は、豚肉を仇敵のようにやたらに忌みきらい、食べるものは好きで好きでやたらに食う、というふうに好悪がはっきりしている点でも、豚肉は特異的だ。

豚肉の食用を禁じている宗教は回教・インド教・ユダヤ教などが有名で、いずれも徹底したタブーとなっている。厳格な回教徒は、外食するにも普通の食堂へは入らないで、回教徒専門の店へ行く。普通の店へ入っても豚肉を食べさえしなければいいように思うけれど、豚肉も扱っている店では、鍋や包丁が豚肉に触れているからいけないのだという。

回教徒は中国にも多いが、豚を特に好む中国では、すこぶるやっかいな問題になるらしく、中国独特の農業協同体では、豚を売ったお金を回教徒である組合員が受け取るべきか、どうか、豚皮の靴やかばんを使っていいかどうか、などが問題になるという。他の宗教徒と自分のところの信者とが、一つの協同体に入って協力し合うという事態は、マホメットも予想できなかったらしく、もちろん回教のバイブル『コーラン』にも指示なぞない。いずれは『毛語録』によってでも解決されねばならない問題なのかもしれない。

インドには、インド教徒と回教徒とがいっしょに住んでいるが、どっちも豚肉を食べない。うまくいくかというと、そうでもなく、この両方のけんかとなると、相手の門の中に豚を追い込んだり、豚肉を門前に吊したりして、それによって最大の憎悪ないし軽蔑の意志を表明する。いつもは食されない豚が、そんなときだけは被害者となる。世界中市場を広げて、世界の炭酸飲料界に君臨しているコカコーラも、東南アジアでは、コーラには豚の脂が入っているというデマがとんで、打ち消すのに大変だったという。ユダヤ教の国イスラエルには、国中に豚は一匹しかいない。動物園に飼われており、飼育係が世話を嫌うのか、〝みせしめ〟のためか、この豚は泥にまみれていて、特にきたなくしてあるという。

戒律のきびしい回教徒やインド教徒も、日本では豚を全然扱わないレストランなんて、まずないから、本国でのようにきびしいことはいわず、まあ豚肉だけは食べないことにしているようだ。しかし、外国にいるからといって、「例外」はいっさい認めない彼らは、日本の焼きめしや焼きそばのようなものが好きだが、たいてい豚肉加工品であるハムの切れっぱしが入っているので食べようとはしない。

商売がら中東や東南アジアの学生と話をすることが多い。回教徒の一人に「ジェット機の中では豚は出なかったか」と聞いたことがある。

「出た。ポークチャップだった」

「食べなかったか」

「食べた。うまかった」

「いけないいんだろう?」

「地上ではいけない。しかし、私はそのとき、山よりも高いところにいた。あんなに高いところを宗教は支配しない」

——アラーの神が山にいるのか天にいるのか、聞き洩らしたが、とにかく、これが私が耳にした唯一の〝例外〟だ。

豚肉を食べない国では、そんなぐあいにだかつのごとく豚をきらう。いったい豚食(?)のタブーというのは、豚がきたないところでも平気で、大食でなんでもむさぼり食い、やたらに太り、鈍重で愚鈍で、節操がない。また、発情期がほぼ二十一日周期で年中くり返し、子を生んだあとも離乳後はわずか一週間ぐらいで発情が始まるという人間並み(?)の性生活など、古代のストイックな宗教の教義を逆なでするような豚の習性によるものだ。

「太った豚となるよりも、やせたソクラテスたれ」と言った経済学者スチュアート・ミルのことばがのこっているということは、二十世紀後半の日本でも、動物としての豚が、人間の理想像からいかに遠いものであるかを示している。

「豚に真珠」とか、ののしりことばに、「豚野郎！」とか、豚を食べるヨーロッパでも、豚はロクな意味には使われない。が、豚はうまい。いくら不潔の、バカの、大食の、無節操の、ガンコの、と生きている豚を軽蔑してみても、その肉のうまさに目をつむるには、それこそよほどの節操とガンコさが必要だ。

火事で焼き豚の味を知る

イギリスの随筆家チャールズ・ラム（一七七五～一八三四）は、原始人類が火を知り、肉を焼くことを知ってゆく過程を、中国の焼豚についてユーモラスな、今日でいえば「ＳＦストーリー」をつくっている。

人間がまだ生肉をたべることしか知らなかった太古、豚飼いの息子が火遊び（今日のようなイキな意味ではなく、火が珍しかったころのほんとうの火遊び）をしているうちに、家（これも今日のような、ちゃんとした住家ではもちろんなく、ノアの洪水以前の、日本でいえば縄文・弥生時代のようなわらと木の枝の掘立住居）に火がついて焼けてしまう。そして子豚も焼け死ぬ。ところが息子は、その焼跡の中からいままで鼻にしたこともないよい匂いがただよってくるのに気づく。ふしぎに思って、彼は豚にさわってみる。ところが子豚はまだ熱かったので、指をやけどする。

「それで、指を冷やすために、彼らしくのっそりしたしぐさで、指を口にあてがった。焦げた皮のかけらがいくつか、指にくっついてはげてきた。そのとき、彼は生まれてはじめて（いや、世界が始まっていらいはじめて、と申すのは、彼より前には誰もそれを知らなかったのだから）、焼豚のパリパリした皮の味を知ったのである……」

話はさきへ進み、父親が帰ってきて、だいじな子豚が焼け死んでいるので怒って、息子を棍棒でなぐろうとするが、子豚にさわってみて、同じように指を焼き、同じように指を冷やすために口に当てがって、焼豚の味と香りを知る（これが世界で二人目）。この親子の家では、子豚が生まれるたびに小屋が焼けるので、不審をいだいた人々が探って、ついに親子が豚を焼いて食っているというおそろしい（なにがおそろしいのかしらないが）秘密が露見する。親子は裁判にかけられるが、裁判長も陪審員も、証拠物件として提出された豚の丸焼け（丸焼きではない）に触ってみて指を口で冷やした結果、相談らしい相談もせずに満場一致で無罪の判決を下した。

「――焼き豚は、それを焼いた火事の規模がどうであれ、灰になってしまわないうちに料理できれば、なかなかおいしいものであった」（『エリア随筆』による）

――この物語は、原始中国の裁判がアングロ・サクソン流の陪審制であったと決めてかかっている点、また、やけどした指を冷やすのにとっさに口へもっていくという彼らの癖を、何のためらいもなく先史中国の物語のヘソに使っていて、とっさに耳たぶへもっていく日本人のような民族もあることを知らない点、そして、何よりも人類が加熱調理を知る前から定着して家畜飼育を行なっていた、と決めてかかっている点など（考古学的には、火の使用は五〇万年前の北京猿人から、有畜農業の開始は一〜二万年前の新石器時代からとされている）、ちょっと時代考証（?）に乱れがあるが、ともかく豚の丸焼きの味が、人間にとって抗しがたいものであったことを、たくみに言いえている。

豚の祖先はもちろん猪だが、ヨーロッパでは、新石器時代のスイスの遺跡から犬、羊、牛などの骨といっしょに、豚の遺骨も発見されており、これがヨーロッパの最古の家畜とみなされている。実は中国では紀元前二二〇〇年ごろから豚を飼っていたといわれ、『孟子』（前三二〇年ころ）には鶏・犬・鹿・豚を家畜としてあげてある。

猪はもともと賢い動物なのだが、人間に飼いならされているあいだに鈍重な豚になってしまった。水にからだを浸すのを好み（水のないところで飼われていると、泥の中にねころがったりするようになる）、また行動もおそいので、羊や馬や牛のように遊牧に適さず、農耕民族の家畜となった。遊牧民は農耕民族を蔑視していたため、農耕民族の家畜である豚を蔑視するようになった、といわれる。古代ユダヤ人や回教徒が豚をきらうのは、そのためともいわれている。

豚の祖先はアジア東南部でならされ、それがヨーロッパに伝わった、というのが定説のようだ。『旧約聖書』をみると、モーゼ（前一五〇〇年ころ）は、豚の食用を禁じており、「イザヤ書」には、「豚の肉……を食べるものはみなともに絶え失せる」とあり、モーゼの戒めにしたがうイスラエル民族の豚のきらいようも、なみたいていのものではなかった。

古代エジプトで豚が飼われていたことは、壁画などからたしかなのだが、食べてはいなかったようだ。ここでも豚は不潔なものとされ、古代ギリシアの歴史家ヘロドトスによれば、「もしあるひとが途上で偶然に豚に触れたら、彼は急いで川に行き、着衣のまま飛び込む。養豚者は純粋のエジプト人であっても、寺院の中に入ることは許されない」という徹底したものだった。

豚を好んだ古代ギリシア人

ヨーロッパで、はじめて大っぴらに豚を愛好したのは哲人の国、古代ギリシアだ。いったい物質文明はエジプトで一応の完成をみて、それらがギリシアに伝えられ、その恩恵に浴しながらギリシア人は哲学をはじめ、精神文明を発達させていった、とされるが、豚を食べないエジプトの習慣だけは、ギリシアへは伝わらなかった。哲学をはじめ、なんでも屋の学者だったアリストテレスは、豚の飼育について詳細な記述をしている。ギリシアの哲学は豚を食べるひとたちによって発展したといってよい。「やせたソクラテス」もまた、「太った豚」を食べていたのである。ギリシア人はハムやソーセージのような豚肉加工品もつくっていた。

ローマ時代になると、本式の養豚や豚食の記事が多くなる。ギリシア時代も、ときには豚が、神への生贄《いけにえ》として用いられたことはあったが、ローマでは、森の木を切るとき、農夫が土地を耕すとき、あるいは穀物の収穫祭に、豚は生贄として捧げられた。もともとローマ人は、くだもの・蜂蜜・ぶどう酒・ミルク・菓子などを神に捧げたが、のちに神がもっとも喜び給うお供えとして、豚が使われるようになったものだ。

豚を食う習慣は、こうして急速にヨーロッパへ入り、一方、東洋では豚を愛好する中国文明が栄えていた。「豚児」（豚のようにおろかな子。自分の子をへりくだっていう）、「豕心（ししん＝豚のようにどん欲な心）」というふうに、特に比喩的・象徴的な漢語でも、豚はいい意味ではない。しかし、たべものとしての豚は最高のものとされている。邱永漢氏によれば、広東人のお嫁さんの最初の里帰りのときには、花嫁が処女であったときにかぎって、新郎の家から焼豚が一匹贈られるということだ。処女と豚がどんな関係があるのか知らないが、いやにはっきりした風習だ。

日本古代人と豚

日本でも古くは豚を飼っていたらしい。『古事記』や『日本書紀』では、豚のことを猪（ヰ）といった。『大言海』によれば、「ヰ」というのは頸が居すわっているからで、のちに太っているから猪太（イブト）といい、それがなまって「ブタ」となった、ということだ。

『続日本紀』には元明天皇の御代、九州で民に生業を勧めて豚を飼うことを教えたというし、聖武天皇の御代には、猪（つまり豚）四十頭を野に放ち生命をとげしめた（天寿を全うさせた）という記事がある。つまり、そのとき以外は生命をとげしめなかったわけで、この記事は当時（七二四〜七四八ころ）、豚を殺して食べていた証拠になろう。

なにごとも中国をお手本にしていた当時のことだが、中国の古典『荀子』や『周礼』には、典型的な家畜を牛・馬・羊・豚・犬・鶏の六種とし、これを「六畜」としているのに、日本の「五畜」(天武四年の肉食禁止令)では、羊と豚が抜けて猿が入っている。

時代をさかのぼって縄文・弥生時代の遺跡には猪の骨が出土しており、これは鹿についで第二位を占めている。野生の猪をとって食うこともあったし、登呂などでは猪の子をいけどりにして飼っていたのではないか、ともいわれている。だから、奈良時代にも豚(あるいは飼いならした猪)を食べていたことは事実のようだ。平安朝の書物には、猪や豕(イノコ＝豚のこと)が食物として登場する。『拾芥抄合食禁』には「そばと猪や羊の肉」、「鮎と猪」が食い合せとされている。

こうして、度重なる殺生禁断や生類憐れみの政令をくぐり抜けて、少なくとも猪は食べられていた。江戸時代には、「山クジラ」と称して(鯨は獣の中には入れられていなかった)盛んに食べていた。が、これらの歴史をみても、日本人が独自に猪を飼いならして豚をつくったという証拠はないようだ。

江戸時代のはじめ、豚は中国から琉球を経て薩摩に伝えられた。薩摩ではそのころから豚を飼育し、食べていたのであろう。「サツマ汁」はそのころの名残りであろうか。また、長崎のオランダ人や唐人は盛んに豚やハムを食べていたから、日本人の目に触れることもあっただろう。安政五年に来日したイギリスの使節に招待された幕臣たちは、ハムとシャンペンをことのほか喜んで食したという。ハムは、どうやらはじめから日本人に好かれていたらしい。長崎には中国から直接伝えられたといわれる。これらは、ジャワ・スマトラあたりの野生の猪の飼いならされたものともいわれている。

長崎では牛肉よりも豚肉がまずたべられたという。大田蜀山人は文化二年、長崎からの手紙の中で、長崎で「とかく鶏、豚の類を用ひ申し候」ことは、「一段の珍事」だと書き送っている。

明治の世が開けると、文明開化の世の流れの中で、豚肉は牛肉に付随する形で盛んに食べられるようになった。幕府が倒れ、世は薩長の時代になっていた。これら九州の武士たちとともに、豚を食う習慣は江戸に入り込んできたのであろう。

明治政府と養豚

明治二年には、新政府の通商局牧牛馬掛という役所で外国から種豚を購入して、その繁殖を盛んに奨励したので、養豚は一時大流行した。しかし、そのころはまだ、人々はあまり豚を食べず、需要が少なく、投機的な風潮もあり、結局、養豚事業そのものは、はじめはいっこうに進まなかった。

だから、中国や琉球から豚肉そのものが輸入されていた。琉球の塩漬け豚も喜ばれた。肉の周囲に塩を付けて荒縄でグルグル巻きにしたものは「縄巻」と呼ばれ、特に上等とされたという。これらの塩漬け豚は一晩ほど水に漬けて塩抜きをして、いったん茹でてから刺身や煮ものにして食べた。

佐田介石という人の政府への建白書がある。

「御一新につき、養豚の令下り、府下県下之を受けて令せらるることもつとも厳なり。故に毎戸、家産を傾けて養豚致せり。而して舶来の豚を争ひ求む。その価たるや、上品は八百両、千両に及べ

り」(原文のまま)

ずいぶん豚が高かったことがわかるし、養豚が投機的となったのもうなずける。

政府の養豚奨励の方針も、くるくる変わったらしい。外国人が病豚があるというデマをとばしたので、こんどはまた、豚肉を食べることを禁止し、そのために値段が暴落し、豚を捨てるものもあった。ところが、そのうちにまた政府の方針が変わって、養豚が流行しはじめた。すると今度は、「人民輻輳の地」で豚を飼うことを禁止した。つまり、人家が建て込んでいるところでは豚を飼ってはならない、というわけだ。豚の値はまた暴落した。養豚場の臭気が嫌われるのは、今も昔も変わらないが、「公害」ということばも一般には使われていなかった明治年間の殖産興業に関するこの明治政府の措置は、企業ベッタリの今日の政府にくらべると、かなり庶民尊重の施策といわねばならない。それはともかく、こう「朝令暮改」の政治では、養豚業者はたまらないわけで、大阪では豚の捨て場にさえ困る有様だったという。

しかし、明治の庶民は、養豚を嫌いながらも豚肉を好んで食べるようになっていった。そして明治三十三年ころから農商務省では、イギリスやアメリカから優良な種豚を輸入して、本格的に養豚を奨励し、日本における「豚食」は急激に軌道にのっていった。大正十年ころには養豚頭数約五〇万頭になっている。

『食道楽』(村井弦斎著)という明治三十七年ころに出た、料理小説とでも名づけるべき珍書には、

「近頃は西洋からヨークシエアだのパークシエアだの色々な豚の種類が来るけれども、あれは皆んな支那豚を種にして欧羅巴（ヨーロッパ）在来の種類を改良したものだ。何（ど）うしても豚の元祖は支那だから豚の種類も食用に適して居るし、料理方も豚は支那風のが一番味（うま）いね」と、中国豚と中国料理を讃美している。

また、イギリスのヨークシャー（白豚）・バークシャー（黒豚）などが、すでに輸入・飼育されていたことがわかる。現在ではヨークシャー種が大部分だが、最近は脂身の少ないスマートなランドレース種（アメリカ）が多くなっている。

ハム、ソーセージ、ベーコンなど貯蔵用加工品の種類が多く、多量につくられているのも豚肉の特徴だ。というより、肉食の欧米を支えてきて、現在も支えている貯蔵肉は、牛肉ではなくて豚なのである。ハムというのは、もともと豚の太もものことだ。日本では明治七年に早くもハムがつくられた、という記録があるが、庶民のあいだにはなかなか浸透せず、第二次大戦後、洋風食品の代表のような形で急に愛好されるようになった。今でも食生活の洋風化というときに、日本人がまず思い浮かべるのはハムやソーセージとパンが乗っている食卓だろう。洋風・中華風の入り混って栄えている現代日本だが、豚肉はその両方に君臨し、私たちの食生活をリードしているといっていい。

豚は生まれるまで三ヵ月・三週間・三日間胎内ですごし、生後六〜八ヵ月で九〇〜一〇〇キログラムに育つ。人間の子供が胎内ですごすくらいの月日のあいだに、早くもたっぷりと肉と脂肪を蓄えた巨大な成獣になるわけだ。こんなに早く繁殖し、成長する家畜はほかにいない。また、品種改良や飼料の改善などによって、飼料効率もよくなり、現在では豚肉一キログラムを得るには三キログラムの飼料でよい。牛、その他の家畜が八キログラムの飼料が必要なのにくらべると、豚はずいぶん効率のいい〝食品〟ということになる。

豚は、だから、生きた食糧貯蔵庫といわれる。こういう考えは古代ローマにもあったらしく、「豚の生命などは塩と同じだ。その肉を腐らせないのに役立つだけだ」などと、言ったひともあるということだ。

豚は現在、戸外で飼育されているが、アメリカには完全に屋内だけで飼っている養豚業者もいるという。カンサス州のある農場では、四つの建物から成る「養豚工場」の中で育てられ、中は温度も湿度もコントロールされており、飼料も自動的に与えられているという。毎年五千頭出荷するこの「工場」を管理しているのは二人だけだという。臭気も外に洩れないし、病気にもかからなくなった。こうした豚の工場飼育は進み、日本でも近い将来、このような方式になると考えられている。

――五千頭の豚と二人の人間と工場。そこには動物と人間とのかかわり合いはもうない。不潔と嫌われ、鈍重とさげすまれつつ、とにもかくにも、人間と住んでいたあの愛すべき動物はもういない。あるのは三キログラムのえさを一キログラムの肉にかえる機械だ。あのローマ人の言い方をまねれば、「豚の生命力というのは人間が食えないものを、食える蛋白質と脂肪にかえる機械で、豚の肉というのは一種の加工食品だ」ということになろうか。

豚は体重の六五〜七〇パーセントが肉で、牛の五〇〜六〇パーセントにくらべるとずいぶん肉の歩留りがよい。豚はその巨大な肉塊を支えるにたる最小限の短小な四肢しかもっていない。それでもなお人間の食料用に、遺伝的な形質を変えようという研究も行なわれている。

こうして、将来、人間の嫌悪や侮蔑の対象ですらなくなったとき、現代の最大のタブーである「禁豚」の教義が宙に迷うことがあるかもしれない。

鶏肉ものがたり

日本歴史の中の鶏

昔の歌には「あしびきの（山）」「久方の（空、日、光など）」「ぬばたまの（夜）」などの枕詞が使われて、その歌をなめらかな優美なものとしているが、『万葉集』にもいろいろな枕詞が使われているが、その中に「鶏《とり》が鳴く」というのがあり、

鶏が鳴く　東《あづま》をさして……

鶏が鳴く　東男《あづまをのこ》の……

鶏が鳴く　東の国に……

など「東」にかかっている。

「とりが鳴く」は、鶏が毎朝時刻を告げるように鳴くことと、太陽が東から昇ることからきたさわやかな枕詞のようにもとれるが、実は当時の都、つまり大和地方の人にとって東国（関東地方など）の方言やするどい声の出し方が、まるで鶏が鳴いているように思われたことからきたという説が信じられている。いずれにせよ、当時の人たちにとって鶏がたいへん親しい鳥であったからこそ、それが

枕詞にまで登場することになったのだろう。

ところで、そのかんじんの鶏の鳴き声だが、今はコケコッコーが相場だけれど、古代人がどのように擬声化していたかはわからない。ただ、鶏は、単に「とり」「庭つ鳥」「家つ鳥」（この二つは枕詞）など以外に「かけ」とも呼ばれていて、これは鶏の声を「カケロ」というふうにとっていたことからきたといわれている。『万葉集』には、

庭つ鳥鶏《かけ》の垂尾の乱尾の長き心も思ほえぬかも

という歌もある。

日本神話に登場する鶏は、まずこの声で活躍する。『古事記』の天の岩戸の神話がそれで、洞穴の中にかくれた天照大神を呼びもどそうと神々が相談して「常世《とこよ》の長鳴鳥《ながなきどり》」に鳴かせると、大神が朝が来たかと思って出て来た、というくだりである。もっとも、鶏がトキをつげることは世界各地で重要視されていて、鶏が太陽を呼び返すという神話は多く、鶏を太陽に捧げる習俗もある。日本では鶏はまず時計の代りにするために飼われたのだ、という説もあるぐらいである。しかし、鶏の肉はおいしいのだから、食べられていたことも事実だろう。

日本歴史に登場する「鶏肉」の記事は、同時にそれを食べることを禁止した記事でもある。天武天皇は「肉食禁止令」を出したが、この中で牛、馬、犬、猿の肉と並んで鶏肉も食べてはいけないものの中に入っている。元来、「肉食」の禁止は獣肉に限られていたと考えられがちだが、鶏もいわば獣

肉の一つとなっていたわけだ。このあと、元正女帝の時にも「殺生禁止令」が出ているが、ここでも鶏は禁止品目（?）の中に入っている。美しい姿やよい鳴声から、鶏が神の使いのようにみなされていたからかも知れない。

が、禁止令が出たことは、当時の人々が鶏を食べていた証拠になろう。鶏の肉は魚と異なるコクと味わいがあり、獣肉とちがってやわらかくしっとりとしている。当時の人たちはなますにしたり、塩漬けや醬漬けにして、このおいしい肉を楽しんだことだろう。しかし、こうした禁止令の結果、料理一般が魚や鳥中心となっていく風潮の中で、鶏はだんだん料理の第一線からは後退していったようだ。平安時代の貴族の宴会でも鳥としては雉があっても、鶏の肉は出なかったようだ。

鎌倉時代には食物に格づけが行なわれたりして、日本料理がだんだん形をととのえてゆくが、兼好法師の『徒然草』には、

「鯉ばかりこそ、御前にても切らるるものなれば、やむごとなき魚なり。鳥は雉、さうなきものなり。（鯉は天皇の前でも料理されるものだから、尊い魚である。鳥は雉が一番で、他にくらべものがない）」とあり、鶏は出て来ない。

また室町時代には、「魚がいちばんで、鳥はその次。……大きい鳥では白鳥、雁《がん》、雉、鴨、小鳥では鶉《うずら》、雲雀《ひばり》、雀、鴫《しぎ》の順で、この他の鳥は天皇の前には進めてはいけない」とあり、ここでも鶏は姿を見せない。鶏が神聖視され、飼育は行なわれても食用からは外されていたのであろう。

しかし、信長、秀吉のころにヨーロッパの宣教師や商人がやって来て、彼らの食生活が伝わるようになると、鶏肉も、別の理由で食べられなかった獣肉と並んで、日本人の食卓にのぼるようになったと考えられる。スペインの船が土佐に漂着した時、豊臣秀吉は米や豚や酒とともに「鶏二千羽」を与えたという記録がある。ただ、宣教師が本国に送った報告書に、「日本には卵もない」と書いているので、一般にはまだ鶏肉も卵も普及してはいなかったのだろう。

また、江戸時代のはじめごろ日本に来たクラッセというフランスの歴史家の『日本西教史』の中に、日本には牛や馬は多いが、牛は農耕に使うだけ、馬は戦場で使うだけで、「日本人は、猟獣の旬期において得たる野獣のほかは食わず」、そして鳥や獣を飼う職業もない、といっているのは、日本人が肉食や鶏肉食をしないできた理由を考える上でヒントになる。

飛鳥時代の禁令以後数百年経って、猪、狸、雉、鴫など野性の鳥獣を「狩」して食べることは少しずつ行なわれるようになっていても、日本人は自分で飼っている鳥獣（牛、馬、鶏など）を食べようとはしなかったわけである。近世にいたるまで、ついぞ食べる目的で動物を飼ったことのないのが日本人だった。それは家畜にすぐ情が移ってしまう日本人の心のやさしさからだろうか。それとも家畜には別の価値（農耕、運搬、報晨）のみを見出してきたためで、それが機械の発達でおくれをとった理由なのだろうか。

それから鶏肉がたどった道は、獣肉食とは反対の方向だった。せっかく普及しかけた肉食が幕府の鎖国政策によってふたたび禁止されて、徳川三百年の大半、庶民の食卓から姿を消したのに反して、鶏肉の方は幕府や諸藩によってむしろ奨励され、オランダからはよい外国種も導入されて、江戸時代には鶏の飼育がたいへん広まった。

明治以後の養鶏

この時代にはまだ農家の庭先で放し飼いされる程度の、ほんとうの〝庭鳥〟だったわけだが、明治以後白色レグホン（卵用）、白色コーニッシュ（肉用）、プリマスロック（卵肉兼用）、白色ロック（同）、ロードアイランドレッド（同）、ニューハンプシャー（同）などがつぎつぎ導入され、また名古屋コーチンのように在来種と洋種との交配も行なわれ、養鶏がたいへん盛んになった。

動物の肉についてはタブーがつきまとうもので、インドでは牛は食べないし、豚肉は回教、インド教、ユダヤ教などでは食べることを禁止している。魚についてはタブーはないようだが、ほとんど食べない民族も多いようである。そんな中で、鶏肉ほど世界各地で好んで食べられている肉もめずらしいといえる。現在、ほとんど世界じゅうで鶏肉は食べられているし、動物を殺すことを禁じている宗派でも卵は許されていることが多く、したがって養鶏は行なわれている。

料理法も多く、鶏肉はほとんどの国の料理に定着している。日本でも近世以後の普及が牛肉や豚肉より早かったので、牛肉や豚肉がすきやき、カツレツなど、どちらかといえば新しい料理法に用いられるのにくらべ、鶏肉の方は、刺身、吸いもの、茶碗蒸し、あえもの、鍋もの、煮込み、混ぜ御飯などにどんどん使われて、日本料理の中に腰をすえている。いろいろな煮ものやつくだ煮の中で、鶏肉は私たちの「おふくろの味」の一つにさえなっている。もちろん、中華料理、西洋料理の中でもよく使われ、ことに豚肉と並んで中華料理の重要な材料の一つになっている。

フライドチキン

アメリカではチキンが安いせいもあって、若い者同士のパーティというとチキンのから揚げが出て来て、おしまいには閉口するほどだった。最近、ドーナツ、ハンバーガーなどと並んでアメリカ資本のフライドチキン店が「上陸」して来て、ファーストフード（早食い食品）の一つとして人気を得ている。このフライドチキンは、アメリカのある退役軍人がガソリンスタンドをやっていたところ、ガソリンを入れに寄って近くにキャフェテリアはないかと聞くお客が多く、しかたなく自家用につくったから揚げを供してたいへん喜ばれたので、スタンドをやめて、から揚げ専門にしたのが始まりだという。だから、フライドチキンはアメリカ人にとって「おふくろの味」といってよいものなのである。

日本のやきとり屋は、大正十二年の関東大震災のあとで生まれたといわれている。はじめは高級料理の一つだったのだが、だんだん大衆化し日本中に広まった。やきとりもそうだが、ささみ、手羽肉、もも肉、もつ、砂ずりなどいろいろな部分を手軽に、それぞれ独特の味つけで楽しむことのできるのも、鶏の特徴である。中国では手羽肉ことに手羽先肉が最高とされ、金持の主人は手羽だけを食べ、あとは召使いにくれてやるのだそうである。日本では解体して各部分を分けて売り、手羽が特に高いということもない（むしろ安い）ので、日本にいる中国人はたいへん喜んでいるということだ。

人口が増え、動物飼育の管理の技術も進んで、食用家畜は将来むしろ工場のようなところで飼われるようになろうといわれている。動物はえさを人間の食料に変える機械というわけだ。こうした動物機械化の考えがいちばん早く実現されているのは養鶏である。ケージの中にほとんど身動きできないほどつめこまれて大きくなり、機械的に殺され、出荷されていく。けんかするのを防ぐためなどの理由で、トサカを切ったり、クチバシを切ったりされる。もう〝庭鳥〟というより〝カゴ鳥〟とでも呼んだ方がふさわしい。

最近、ものの味が落ちた、という人が多いようだ。そんな時、きまって引合いに出されるのが鶏肉だ。たしかに農家の庭先でコオロギやミミズをつついていた〝庭鳥〟とはちがった、コクのなさがブロイラーの特徴といえよう。〝庭鳥〟と〝カゴ鳥〟のちがいはここでも歴然としている。鶏肉のことをかしわと呼ぶが、これは羽が茶褐色の和鶏のことで、特に雌の肉がおいしいので珍重され、天保年間（一八三〇～四三）以後、鶏肉の総称となったものだ。とすると、「かしわ」の本来の呼び名に価する鶏肉は、もう姿を消したといえるかも知れない。

魚と日本人

サカナは酒菜

先年、アメリカの食品加工の大家が来て、日本中講演旅行に通訳としておともした時、お別れパーティの席上、テーブルの上のサケの燻製を横目で見ながら、「日本にいた二週間で、魚の匂いに染まったようだ」と私にささやいた。私はこの人に気を使って、夏の盛りでもあったし、ほとんど毎晩の宴会にはなるべく肉料理をと頼んでいたせいで、こっちが肉とバターの香りに「染まった」ような気がしていた時だけに、ヘンな気がしたものだ。

もっとも、魚そのものをたべないでも、日本では卵も牛乳もみな魚の匂いがする、というのは、日本へ来る西洋人のほとんどが抱く感想のようだから、私たちがそれに気づかないだけかも知れない。

「魚」と書いて、サカナと読み、ウオと読む。昔はイオ、トト、サコ、イロクズ、ウロクズなど、いろいろに読んだ。一般に、民族に親しいものほど、呼び名が多いものだ。肉類だとこう賑やかではない。ニクでおしまいだ（昔は和訓でシシ）。昔から、生きている「動物」としてウオと呼び、「食品」としてはサカナといった。

サカナということばはもと「酒菜」と書いた。奈良時代には魚でも野菜でも、副食物をすべて「ナ」と呼んでいた。「酒菜」は酒と共に食べるおかずのことで、野菜だって鳥の肉だってサカナだった（こんにちでは「人のうわさ」を「サカナ」にしてビールを飲んだりする）。そのうちの特に上等のものということで、魚だけをサカナというようになった。

ところが、魚を尊ぶ気持はさらに進んで、いっそ「ほんとうのおかず」という意味で「真菜（マナ）」とも呼ばれるようになった。このことばの方は庶民から離れていったらしく、あまり単独では使われないが、マナイタ（魚を切るための板の意味）、マナバシ（魚用のお箸）といったことばの中に残っている。「マナ」はまた、現在の宮中での日常語の中に残っており、魚のことを「オマナ」といい、サケ（鮭）のことは赤い魚という意味で「アカオマナ」というそうだ。

さらにその後、魚を「美物（おいしいものの意）」とも書き、「タメツモノ（味のよいもの）」とか「イオ（ウオの古語）」とか読んだ。とにかく、こうした魚の呼び名の移り変りからも、魚は古くから日本人の食生活にとって最高のものとして愛されて来たことがわかるのだ。

貝塚というのは古代の人たちの村の食事かすの共同の捨て場で、日本では太平洋岸に七百から発見されている。名の示す通り、貝殻が主で、合わせて三百五十種ぐらい見つかっている。ところで、貝塚からは貝殻のほか約四十種類の海の魚の骨も発見されている。イワシ、タイ、カツオなど現在私たちに親しい魚の骨も多い。フグの骨も見つかっている。フグにアタってしびれて死んだ縄文時代人もいたことだろう。

肉食禁止令

歴史時代になると、みつぎものにつけて献ずべきものとしては魚介類や海草類がほとんどだったことが記録に残っている。やがて、天武天皇の時「きょうから後は牛、馬、犬、猿、鶏の肉を食べてはいけない」という最初の「肉食禁止令」が出た。この時（六七六年）「魚食日本」は法令によって定まったといえるのだ。

仏教が盛んになり、優雅な生活が好まれ、平安の王朝が花ひらくにつれて、四つ足の獣を忌みきらい、魚を尊ぶ風潮が日本人の生活に固定してゆく。藤原時代の貴族の宴会のメニューが残っているが、それを見ると、正客の前にタイ、エビ、タコ、サケ、コイ、アユ、サザエ、クラゲ、白貝（オフ）、アワビ、トコロテン、それにキジなどの料理がぎっしり並べられるという豪華なものだったが、ほとんど魚と貝であり、獣肉はもちろんない。

ただ、奈良朝から平安朝にかけては、都は盆地の中の奈良や京都で海岸から遠く、商業や交通も未発達だったので、海産の鮮魚を口にすることは稀で、ほとんどが塩漬けや干魚として食べられていた。こんにちも京都の名物魚料理といえば「いもぼう（いもと棒ダラ）」や「ニシンそば」など干魚料理が多い。そして鮮魚は川や琵琶湖のコイやアユなど、淡水魚に限られていたため、淡水魚の方が尊ばれていた。少し時代が降るが、鎌倉時代の本『家中竹馬記』には魚や鳥の食品としての順位を番付のよ

うに書いたものがある。それによると、

「魚が一番、鳥はその次。魚の中でも川魚が上、海の魚は下。魚の中ではコイが一番。スズキがこれに次ぐ」

となっている。

したがって、コイは魚の中で一番、というだけでなく、実に全食品中のトップとされていたわけだ。こんにちにも残る包丁式でコイが用いられるのは、当時の人たちのこうした考え方が背景にあったからであろう。

さて、平安朝には調理法も進み、なます、すし（なれずし）、あつもの、あえもの、塩漬け、酢漬け、焼きもの、つつみ焼き（ハラワタをとらずに焼いたもの）、蒸しものなど、現在の日本料理の原型が出揃っていた。火を使う料理が進出するのも、この時代の特徴だ。また現在の味噌や醤油の原型らしいものもできていたから、古くから使われて来た塩や酢に加えて、調味もいっぺんにバラエティに富んで来たことだろう。

アワビの料理や加工品も多く、十三種類もあった。よほど好まれていたらしい。「磯のアワビの片思い」といういい方はずい分古く、『万葉集』にすでに出てくる。

伊勢の白水郎《あま》の朝な夕なにかづくとふ鰒《あはび》の貝の片思《かたもひ》にして

（伊勢のアワビ取りの海女《あま》が朝夕水に潜《もぐ》って捕るというアワビのように私の恋は片思いです）

この時代は中国の文化の輸入が盛んで、政治体制、宮殿、服装、詩文学、絵画などなんでも中国のまねで、食生活のほうも例外ではなく、宮中の宴会はイスに腰かけてしたほどだった。食事作法も唐の様式を取入れたむずかしいものができ上がっていた。だのに食べもの自体は、豚などには手を出さず、魚や鳥中心の生活に固執していたわけである。

さしみとてんぷらの発祥

その後、鎌倉時代の武士たちは質素な暮しを旨とするようになったが、室町時代になると商業の流通も活発となり、海の鮮魚もだんだん都の人の口に入るようになった。明石のタイ、淀のコイは当時の武士の栄華の頂点といわれた。そんな時代を背景に、日本人の魚食の最大の特徴であるさしみがつくられるようになった。

さしみは古くから行なわれていたなますから分れて、切った魚の身をワサビ酢、ショウガ酢、タデ酢などで食べるようになったものだ。切身なのに「さしみ」というのは、武家政治の世の中では「切る」というのをきらったためで、「作る」「おツクリ」というのも同じ理由からといわれる。さしみにワサビ醤油をつけるようになったのは、よい醤油が醸造されるようになった江戸時代の末からで、せいぜい二百年の歴史だ。このころの酢味の中ではタデ酢がアユ用に残っている。

江戸時代の花柳界では接吻のことを「おさしみ」といったそうだ。また、さしみのことを「相惚れ」と呼んだ。当時は花柳界の女といえど、身は任せてもくちびるは与えないほど、接吻はほんとうの愛情の表現とされたからだ。

長いあいだ中国だけをお手本として来た日本人がはじめて西洋人に接したのは一五四〇年代、ポルトガルの商船がやって来るようになってからだった。宣教師も来るようになり、キリスト教とともに肉食の習慣も入って来た。肉食とともに、魚の料理法も伝わり、油を使う調理が盛んになった。日本の代表的魚料理の一つ「てんぷら」が生まれたのはこのころである。が、一六三九年（寛永十六）、徳川家光の鎖国断行によって、芽生えかけた肉食の習慣もだんだんに忘れられ、「南蛮料理」もしだいに日本風に作りかえられて、日本はふたたび魚介中心の食生活にもどっていった。そして二百数十年の鎖国のあいだに、魚を基本とし、調理に工夫をこらす「日本料理」が完成されていったのである。桃山時代にはじまったちくわやかまぼこなどの水産ねり製品も、この時代に完成され、多様になっていった。

明治の開国による肉食の再輸入も、こうした魚に頼る日本庶民の食生活には少しも影響を及ぼさなかった。いや、生活全般に洋風化のあらしが吹きつけるこんにち、肉食の普及がいちじるしいなかでも、日本人は総動物性蛋白質摂取量の六〇パーセント以上を魚類に依存している。依然として日本人は「魚食民族」なのである。いまから百年前には日本ではじめて罐詰が作られた。欧米では肉や野菜を主に罐詰としていたのに、日本での最初の罐詰がイワシだったのも、日本らしい。

現在日本は世界有数の水産罐詰の輸出国で、マグロ、サケ、カニなど魚の罐詰には日本で工夫、開発されたものが多い。現在、海にかこまれていながら、蛋白質不足に悩んでいる国は多い。漁業がふるわないためだ。東南アジアから日本へ水産加工技術を習いに来る学生の中には、日本の魚の量と種類の多さに驚き、

「私の国では、加工法より先に漁法を学ぶべきだ」

と、肩を落として帰国する人も多い。

貝類は別として、漁網もなかったころは、水の中を活発に泳いでいる魚はとりにくいものだったし、時には命がけでもあっただろう。太古から海にいどみ、いろいろな工夫をして魚をとって食べて来た日本人はえらかったと思う。こんにち、日本人の漁法のたくみさは世界中の驚異の的で、あまりあちこちへ行って、ごっそり魚をとるので、〝脅威〟の的だ。

世界の人口増加はものすごく、このままでいくと、二十一世紀のはじめには世界中が深刻な食糧不足におちいるといわれる。国連は来たるべき蛋白質の不足はまず魚に依存するしかないと考え、海を「耕し」て、魚を増産する研究をはじめている。人類の魚食への依存の度合いはますます高くなりつつある。牛や豚など陸上の生物よりも、海に住む魚の方が栄養的にすぐれているという説もある。地球ができて以来長い年月のあいだに、雨によって人体に必要な未知の微量栄養成分が陸地から海へ洗い流されている可能性があるからだ。

日本では以前からウナギ、マス、ハマチ、エビなどの養殖が盛んだが、さらに、ブリをヒラマサや

カンパチと交配して〝人工魚〟も作られている。今のところ高級魚に限られ、まだ学者の研究の域を脱していないようだが、このようにして新しくて安価な魚が〝発明〟されればよいのだが。

魚食の本家の日本だが、最近その周囲の海が汚れて近海での漁獲はいちじるしく減少しているのは皮肉なことである。タイさえもアフリカあたりでとった冷凍ものがほとんどで、魚屋に並ぶ〝鮮魚〟もこうした冷凍品の解凍ものが多い。このまま汚染が進めば十数年後には瀬戸内海も日本海も魚はいなくなり、いても食べられなくなると予測されている。私たちは、奈良平安朝の人たちのように、魚は加工品で満足していなければならなくなるかも知れない。早く手を打って、美しい海を取りもどすことは、急にとっても、日本人にとっても必要なのである。

菜食日本民族

若菜摘み

『三国志』の「魏志倭人伝」の邪馬台国のくだりには、三世紀ごろの日本についての描写があり、当時の日本人の食生活の素顔がうかがえる。

「牛、馬、虎、豹、羊、カササギはなく」、「温暖で、冬も夏も生野菜を食べる」。そして、「ショウガ、タチバナ（ミカンの一種）、サンショウ、ミョウガはあるが、うまい食べ方を知らない」。この前に、水に潜って貝や魚を捕る、というくだりもあるから、つまり絶えず新鮮な野菜を食べ、魚は食べるが、畜肉類はあまり食べず、香辛料も使わない、という、わが国初の女王卑弥呼の国の、しごく淡白な食生活が想像される。時代をずっと降って、飛鳥時代以後には、「菜」は愛惜をこめて歌われている。

あすよりは若菜採《つ》まむとしめし野に昨日も今日も雪は降りつつ　（山部赤人）
春日野に煙立つ見ゆ乙女らし春野のうはぎ採みて煮らしも　（『万葉集』）
君がため春の野に出《い》でて若菜採むわがころも手に雪は降りつつ　（光孝天皇）

これらの優美な歌から想像できるのは「菜」は単なる畑作物ではなく、野生のヨメナ（ウハギ）などの食用野草のことで、それらを早春に摘み、それを人に贈ったり、そこで煮たり、粥に入れて食べる、春を呼ぶ楽しい慣わしがあったことだ。春の七草といい、七草粥といい、当時の人たちの新年は、まず「菜」からはじまった、といってよい。有史以前の日本列島は意外に植物性の食物には乏しかったらしい。もともと日本にあった食用植物はウド、フキ、ヤマノイモ、マツタケ、ユリネ、それに野の草（つまり「菜」）ぐらいのもので、あとは他の土地から伝えられたものを改良し、定着させていったものだといわれる。飛鳥時代、持統女帝はカブの栽培を進めている。

こうして、奈良時代には、ナ、カブ、カブラナ、アザミ、チサ、フキ、アオイ、セリ、コナスビなどが栽培され、ワラビ、ノゲシ（ニガナ）、ウハギ、ジュンサイ、タラ（芽）、カワホネ、クズ、イタドリ、クワイ、などの山菜、野草の類が好んで食べられていた。またウリ類（アオウリ、キュウリ、マクワウリ、トウガンなど）やナスなどの果菜類、サトイモ、ヤマノイモ、ダイコン、レンコンなどの根菜類、ネギ、ニンニク、アサツキ、ニラなどのネギ類も栽培され、または野生のものを食べていた。その他、タケノコも古くから食べられていたしキノコ類も喜ばれていた。キノコではこのころからマツタケが愛用され、「秋の香」と名づけられ、こんにちと同様、秋の味覚の筆頭とされていた。

高松のこの峰も狭《せ》に笠立てて満ち盛りたる秋の香のよさ

（『万葉集』）

そして、ついに平安時代には、野菜も魚介類もひっくるめて副食物一般を菜というようになる。

でいう、お菜《さい》だ。

「朝菜夕菜」というのは朝晩の（当時は一日二食だったから、つまり一日の）おかず、という意味だ。今

ところが、そのうちに魚のことを「ほんとうのおかず」という意味で「真菜《まな》」、野菜のほうは、野菜にとって悲しいことに、粗末なおかずというので「粗菜《そな》」というようになった。野菜としては、「ひさしを貸して母屋を取られた」ようなものだ。これは字を変えていまは「蔬菜《そさい》」とよばれている。いつのころからか「粗」という字をきらって変えたのだろう。

平安貴族の宴会では植物性食品としてはミカン類、栗、干柿などで、野菜は完全に抹殺されている。が、真菜といい、粗菜といっても、しょせん貴族の宴会のことで、一般庶民は依然として野菜を主とした食生活を続けていたことだろう。『宇津保物語』や『土佐日記』には、鞍馬の山でヤマノイモを掘ったり、野原で摘んだ若菜を京の町で売るもののようすを伝えている。

見る料理の主役に

十三世紀になると、武家の世になったが、武家は公家たちを政治的には圧倒したけれども、食生活の面では徐々に圧倒されて、だんだん美食に慣れていった。ただ、鎌倉・室町時代の特徴はファンシーな料理方法の誕生だ。現在の日本料理の原型は平安時代にはでき上がっていたといわれるが、それはだいたい魚介類や鳥肉に煮る、蒸す、焼くなどの簡単な調理をしたもので、それらが客の前に並び、客はそれに醤、塩、酢などをつけて食べる——つまり調味は客自身がやっていた。貴族の宴会のメニ

ューを見ても、コイ、アユ、マス、タイ、タコ、蒸しアワビ、干鳥、エビなどと、素材の名が並んでいるだけだ。

ところが、室町時代の本になると「煮染めゴボウ」とか「黒煮のフキ」「酒煮のマツタケ」などが、豆腐汁、とろろ汁、たけのこ汁などとともに記されており、明らかに調味された煮つけの類がはじまったことがわかる。野菜類はこうしておいしい煮ものとなって、はじめて上つ方の宴席に顔を出したわけだし、またおいしく調味された野菜類は食卓をより豊かなものにしていったことだろう。野菜の種類も豊富になり、また流通も盛んになっていた。

この時代のもう一つの特徴は、切る技法が発達したことだ。『四条流包丁書』に見られるように「切る」ことが料理の基本とされるようになり、これから江戸時代にかけて野菜の切り方にもいろいろな工夫が行なわれ、こんにち知られているような三十数種類にも及ぶ切り方ができ上がった。中でも菊花切り、末広切り、茶せん切り、松葉切りなどのいわゆる花切りは日本独特のもので、食卓を美しく飾った。

日本料理は「見る料理」といわれるが、野菜はその「見る日本料理」の主役を演じて来たのだ。禅寺による精進料理の完成は、野菜料理の発達に拍車をかけた。

海藻類は奈良時代からワカメ、アラメ、コンブ（エビスメ、ヒロメ）、テングサ、フノリ、ミル、アオノリ、ツノマタ、オゴノリ、ナノリソ（ホンダワラ）、モズクなどが好んで食べられ、相当高価に取引きされていた。

こんにち、世界一、というより、世界でもきわめてめずらしい「藻食民族」日本人の歴史も長い。日本料理における野菜海藻料理の発達を支えたものに調味料と漬物の発達がある。奈良朝、平安朝の醬に源を発し、途中で別れてそれぞれに完成されて来た醬油と味噌。この世界屈指の二つの発酵調味料と、昆布、鰹節、煮干などからとるダシは、もともと淡白な野菜をコクと香りのある、おいしい料理に仕上げた。

漬物の国日本

また、日本は世界一の漬物国だ。塩漬けからはじまって、ぬか漬け、ぬかみそ漬け、粕漬け、こうじ漬け、味噌漬け、醬油漬け、酢漬けと、多彩な調味料と技法が駆使される。代表的なものだけあげても、白菜、広島菜、野沢菜の塩漬け、柴漬け、菜の花漬け、すぐき、梅干、奈良漬け、ワサビ漬け、ベッタラ漬け、福神漬け、ハリハリ漬け、千枚漬け、アチャラ漬け、ラッキョウ、と切りがない。そして、日本人の味覚のふるさと、タクアン。

ダイコンはそんな多様な菜食の中で、リーダーシップをとり続けて来た。新鮮な葉や根を食べるだけでなく、タクアン、干しダイコンにし、また葉も根も漬けて貯蔵しておいて、塩抜きして一年中のかてとする。ダイコン飯として、米の飯の増量剤に使われもした。おろしは日本で唯一の野菜の生食だった。ダイコンがなかったら日本の菜食（のみならず食生活全般）の姿はずいぶん違ったものになっていたことだろう。こうした有様は西洋人にとってよほど異様なものだったらしい。

十六世紀（織田信長のころ）に日本に来たヨーロッパの宣教師たちの一人は、本国への報告の中で、「野菜はカブ、ダイコン、ナス、チサのみ……その食物はダイコンの葉の上に少しオオムギの粉をかけたるものなり」と、日本の菜食を伝えている。「ダイコンの葉の上に少しオオムギの粉をかけたるもの」というのはタクアンのことだろう。

食生活が多様化し、江戸の庶民文化が咲きほこったあとでも、この見方は少しも変わっていない。明治六年から二十三年にかけて日本にいて、東京帝国大学などで教えた英人バジル・チェンバレンの『日本事物誌』（高梨健吉訳、平凡社「東洋文庫」）の一節には、次のように記されている。

「日本料理はヨーロッパ人の味覚をとうてい満足させることができない。次のような食事を想像してみるがよい。肉もなく、牛乳もなく、パンもなく、バターもなく、ジャムもなく、コーヒーもなく、サラダもなければ、良く料理した野菜の充分な量もない。……これではヨーロッパ人の菜食主義者も、普通の肉食をする人と同様、なんとも手の施しようもないだろう」

西洋野菜の普及

ところでチェンバレンの文章の中には日本人の菜食の姿を鋭くついているところがある。「サラダもなく」という一句だ。日本人の菜食には一つの特徴がある。ダイコンおろし以外、なんでも煮るか漬けるかしてしまうことだ。こんなに野菜を愛して来た日本人がついにサラダ（野菜の生食）を発明しなかったのは、考えてみると奇妙なことだ。ことに魚さえも生食する料理を発明した日本人なのに。米食のそえものとしての使命を担わされて来た野菜は、なによりもまず塩味で強く調味されねばならなかったからであろう。

今、若い人たちのあいだでサラダが大流行している。「ミニにはサラダがよく似合う」などともいわれた。そして、サラダは肉に、パンに合う。サラダは日本で野菜が米のめしから独立した記念すべき姿なのだ。サラダの流行にともなって、レタス、クレソン、アスパラガス、ブロッコリ、カリフラワー、セロリなどのいわゆる西洋野菜の普及もめざましい。

前にも述べたように、日本古来の野菜は数種類で、それに野草や山菜を加えたのが私たちの祖先の「菜」だった。それ以外はすべて「外来野菜」で、いまふつうに食べられている、トウモロコシ、ソラマメ、エンドウ、インゲンマメ、チサ、ホウレン草、ダイコン、カブ、ニンジン、ジャガイモ、キュウリ、マクワウリ、スイカ、ナス、カボチャなども、江戸時代にもあるにはあったが、どれも明治に入ってから外来種が導入され、改良されていまのようになった。こんにちの西洋野菜の普及は日本の野菜導入の歴史の一つの完成を告げるものにすぎないといっていい。一方では自然食品へのあこがれから、野草や山菜摘みも盛んなようである。それは万葉の昔への回帰のようでもある。

新しいものの摂取と、古いものへのあこがれ。日本人の菜食の歩みはとどまるところを知らない。

野菜と欧米人――サラダ小史

サラダとアメリカ人

第二次大戦の直後、戦争でひどく貧乏になったイギリスでは、アメリカから観光客を呼びよせてドルをかせごうという政策を打ち出した。USドルが強かった二十数年前の話である。ところが、このときイギリスのホテルの業者たちは、「サラダの材料と氷とトイレット・ペーパーを特別に配給してくれなければ協力できない」と政府に申し出たという。ここには、富めるアメリカ人の好物がたくみに言い表わされている。

氷というのはアメリカ人が食事のとき必ず〝カエルのように飲む氷水用〟だろう。トイレット・ペーパーというのは、そのころアメリカにしかなかった使い捨てのティッシュ・ペーパーのことだろう。そしてサラダ！

サラダはもちろんヨーロッパに発生したが、これを完成したのはアメリカ人で、料理らしい料理を発明していないアメリカ人だが、サラダだけは自慢していい、といわれる。アメリカ人は美しく冷たいサラダを作るのを、一種の芸術と感じており、ことに女性的なやさしい料理と感じているという。

サラダに女性を感じるのはアメリカだけではない。十八世紀のフランスの作家で思想家のジャン・ジャック・ルソーは、「サラダをあえるには、細心の注意が必要で、そのためには若い女性の指がもっとも適している」と言っている。サラダ用のフォークやスプーンが現われるまでは、サラダをあえるのはその場にいたもっとも美しい乙女の仕事だった。

サラダを「あえる」と書いた。サラダなぞ生野菜の盛り合わせぐらいに思っている私たちには、ちょっと意外だが、実はヨーロッパ人やアメリカ人がいちばん凝るのはこの点である。サラダを混ぜはじめたら、電話がかかってきても出るな、などという。古いことわざには、「サラダを作るには四人の人が必要だ。油を入れるための浪費家、酢を入れるためのケチン坊、塩を入れるための顧問弁護士、そしてそれらを全部混ぜ合わすための狂人――」とあり、ここには油をたっぷり、酢はちょっぴり、塩加減がたいせつで、それらをきちがいじみるほど、すばやく混ぜる、というサラダ作りのコツが語られている。

もっとも、最近出たアメリカの料理書には、四人では足りない、もう一人、植物学者を加えるべきだ、と書かれていた。野菜の選び方と鮮度がサラダの魅力と栄養や薬理効果を決定する最大のものだからだ。

紀元前からあったレタス

こんにち、最高のサラダ用野菜とされているレタスは、ギリシアで紀元前三世紀のころにはすでに栽培が行なわれていた。またローマの古い農業書（紀元前二〇〇年ごろ）には、キャベツの生食が推奨されている。それによると、キャベツは野菜の中でも、もっとも薬効のあるものとされ、「ヘンルーダ（香料）と刻んだコエンドロ（香料）とすりつぶしたアギ（ニンジンの一種）といっしょにし、酢とハチミツで味をつけ、塩をふりかけて食べる。この薬を用いたら諸君はすべての関節を使用することができる」と書かれている（傍点は著者）。

古代ローマ人に関節の病気が多かったかどうかは知らないが、とにかくまるでキャベツがなかったら手足が動かないみたいなほめっぷりだ。レタスの方はあまり栄養的な効果のないものとされていたようだが、それでも「健康的で、暑気を払い、安眠させる」などといわれていた。

少し時代が降るが、一世紀にローマのプリニウスという人の書いた本に、「アウグストゥス帝（ローマの皇帝）は病気のとき、侍医のすすめでレタスを食べて一命をとりとめたことがある」とあり、レタスが一般に血を作る力があると信じられていたと記している。アウグストゥス帝は紀元前後に生涯を送った人だから、つまりはキリストの生まれたころ、レタスはともかく一人の皇帝の命を救っていたわけである。

キャベツやレタス以外にも、紀元前のギリシアではキュウリ、カボチャなどがなまで食べられていた。そして、こういう記録にすでにうたわれているように、生野菜は他の薬草とともに〝薬〟として食べられていたのだ。もっともこうした記録も、要するに都会、ことにアテネやスパルタの人たちについてのもので、それまでにも農民は野菜をなまで食べていたのだろう。これらの記録が私たちに告げているのは、ギリシアの哲学者たちが古代の都市文明の中で、都会人や貴族あるいは金持ちのぜいたくに反抗して、なまものを食いはじめたということだ、という説もある。

エピクロスという哲学者はアテネの自分の家に〝田舎〟を作ったというので知られている。要するに家庭菜園のことで、新鮮な野菜を自分で作って、採ってすぐなまで楽しむことが広がっていったのだろう。エジプトの物質文明を受けついで独自の哲学を発展させたギリシア人を、あれほど思索的にしたのは生野菜だったかも知れない。

「クレソンを食べて知恵を得よ」の格言があるということだ。

こうしてはじまった野菜生食の歴史は、その後ヨーロッパ一円で広く長く続いた。そして千数百年後、十四世紀のイギリスではいつのまにか、サラダが王様のたべものに昇格（?）していた。十四世紀の終りにはリチャード二世の料理長がサラダの作り方を記している。

「パセリ、セージ、ニラまたはニンニク、タマネギ、洋ネギ、ルリヂサ、ハッカ、ウイキョウ、クレソン、ヘンルーダ、スベリビュをよく洗う。あなたの手でこまかくちぎって、なまの油をよく混ぜ、酢と塩をかけ、食卓に出す」

生野菜を手でちぎる点とか、酢と油と塩で味をととのえる点など、こんにちのサラダによく似ているが、材料の方はほとんど薬草や香草で、生野菜を薬として食べた古代の感覚がまだ残っている。というより、古代の考え方に沿って完成した「薬用料理」と言ってもいいようである。

花やくだものをそえる

十五世紀のイギリスの料理書にはサラダ用の植物として、スミレ、バラのつぼみ、ヒナギク、タンポポの花などが登場する。菊、桜、ツツジ、ダリアなど、花を食べるのはこんにちでは私たち日本人の特技のようだ。さしみや塩焼魚の皿にさりげなく黄菊の花を添えたりもする。このアイデアが数百年前、遠くはなれたヨーロッパでも行なわれていたのである。

サラダにくだものが加えられはじめたのは十六世紀（実際に普及したのは十八世紀末）だという。レモン、オリーブ、オレンジなどがサラダの味をますます引き立てたことだろう。また、野菜にはないいろどりを添えたことでもあろう。このころにはイギリスでもいろいろな野菜が入手しやすくなり、また、新しい野菜や栽培法が輸入されて、サラダの材料はますますバラエティに富んでくる。

イギリスの植物学者たちがサラダについて述べるようになるのも、このころのことである。また園芸家もサラダについて書いた。そのころ、サラダ用植物としてあげられているのは三十種類を越え、この中には、現在私たちが食べているサラダの原型が出揃っている。

十七世紀後半にはいると、チキン、エビ、魚などをサラダに入れることが行なわれるようになった。そしてこのころ、ジョン・イーブリンが現われて、サラダに関する名著『アケタリア』を刊行した。ジョン・イーブリンはイギリスの日記作家だが、若いころにパリに行っていたので、フランス風のサラダについて見識を持つようになったのだろうといわれる。『アケタリア』というのは「野菜を酢で料理する」という意味のラテン語だということで、つまりはこんにちのサラダを表わす言葉だといえよう。イーブリンは、この本の中ではじめて、「サラダとは生野菜の配合料理」と定義した。そして「完全なサラダ」とは、「苦みと辛味があり、穏和であって無味であり、たちどころにぴりっとする、生き生きした食べものであるように、正しい配合をしたものでなければならない」、「その配合においてはどの植物もそれ自身の持ちまえを守り、与えられた役割を果たさねばならない」と述べ、ついに、「どの植物もあたかも楽譜における音符のようであるべきで、調子の悪い、耳ざわりな音を出してはならない。ときにはある種の不協和音を認めるとしても、それはより快活な、よりおだやかな音色ですべての不協和音を調和させ、それを快いコンポジションに溶け合わせるような、きわだった調子のものでなくてはならない」と、独得の「サラダ美学」に説きおよぶ。

この音楽的比喩をまじえた意見をきいていると、サラダにヨーロッパ人が感じているものは「芸術」そのものという気がしてくる。

サラダの語源

「サラダ」という、日本人の語感にとってもさわやかで、美しい生野菜にふさわしい言葉は、ポルトガル語のようで、現在、英語やフランス語ではサラドになっている。ラテン語の「サラーレ」が語源で、塩で味つけするという意味である。これがサラト、サレトなどを経て、十四世紀ごろサラドに落ちついたらしい。はじめは「サラダ用の野菜や草」という意味に使われた。シェークスピアの戯曲「終りよければすべてよし」には、「いい婦人でしたよ。千種類のサラダを摘んでも、ああいうよい味のは、なかなかみつかりませんよ」というくだりがある。その後、「混ぜもの」の意味にも使われた。もっともサラダの語源にはもう一つ説があって、サラダをあえる皿が半球形のサラードというヘルメットに似ているからフランスでサラドと呼ばれるようになった、ともいう。

日本人は昔から積極的に生野菜を食べようとはしなかったようだ。春に草を摘み、それを人に贈ったり賞味したりする「若菜摘み」の行事はあったが、煮たり、かゆ（七草がゆ）に入れたりしていた。日本の在来の食べものでサラダにあたるのは「あえもの」だろうか。ワケギ、チサ、ダイコン、ゴボウなどいろいろなものが酢、酢みそ、ゴマみそあえなどのあえものとして親しまれてきた。しかし、これらも、野菜をおいしく食べようとする努力の結果で、西洋のように薬効をやたらに表に出すことはしていない。そればかりでなく、サラダそのものについても、食物史家はわりに冷淡である。もし、サラダがポルトガル語として日本にはいったのだとすると、サラダの伝来は、安土桃山時代ということになるかも知れないが、織田信長が南蛮好きの大将で、パンや肉を好んで食べた、というような記録はあっても、野菜については触れられていない。日本在来の野菜には、サラダに適したクセのあるものはなかったせいかも知れない。

明治の世が開けて、上流から次第に西洋料理を食べるようになったが、肉食の習慣や洋風の食べ方の渡来については多くのページがさかれていても、サラダないし生野菜食についての記載はおどろくほど少ない。庶民になじんだのは、ずっとあとになってからだが、明治三十六年の『食道楽』という当時のベストセラーの料理恋愛小説には、「野菜は脳病に功があり、キュウリは胃病に功があり、サラダにするチサは不眠症と神経過敏に功があり――」といっているところをみると、サラダはめずらしい野菜の食べ方として、料理好きの人にはよく知られていたもののように思われる。

同じ『食道楽』の巻末には西洋食品価格表というのがあり、野菜としては、アスパラガス（西洋ウド）、シャンピニオン（フランスキノコ）、ジンジャー（ショウガ粉）、トマト（赤ナス）、アテチョウ、トラッフ（西洋松露）、ターニップス（カブ）、キャベージ（玉菜）――などと当時の西洋野菜類がリストされているが、すべてびんあるいは罐詰で、とてもこんにちのような生野菜のサラダが作れたとは思えない。実際には、ほとんどが江戸時代か明治年間には渡来していたが、普及していなかった。「サラダにするチサ」はレタスのことだろうから、レタスは早くから、かなり栽培されていたのだろう。

こうした中で特異なのはキャベツである。こんにちでも、コロッケ、トンカツなどの〝洋食〟のつけ合わせには、きまったようにキャベツの刻んだのがついてくる。なまで食べる西洋野菜という意味で、キャベツこそは日本の庶民が知り、愛していった、最初のサラダといえる。

また、日本人の庶民が「サラダ」という言葉に最初になじんだのは、こんにちもおそうざい屋でよく売っているポテトサラダだろう。昭和のはじめには今のような形で売られており、生野菜を食べるというよりジャガイモのハイカラな食べ方という感じで、これもよく食べられていた。長いあいだ、サラダといえばこのポテトサラダと思っていた人は多い。

今のような野菜サラダが一般化したのは戦後、それも、ここ十年ぐらいのことだろう。サラダばかりは新鮮でいたみやすい野菜が材料だから輸入には頼れない。その点、レタス、アスパラガス、ターニップスなど、西洋野菜もどんどん日本で栽培されるようになったことは、サラダの爆発的な流行を裏書きしている。サラダ・ドレッシングもいろいろなものが国産品にある。塩辛い漬物には御飯、淡白なサラダにはパンと肉が合う。サラダの流行は食生活全般の洋風化を待ってはじまったのだ。

紀元前のギリシア・ローマで、「薬」として発祥したサラダは、煮菜と漬物に頼っていた日本の菜食の姿を大きく変えつつある。ギリシアからヨーロッパへ広まり、大西洋を渡ってアメリカで〝完成〟し、そして太平洋を越えて日本へ、長く遠いサラダの旅だった。そして、サラダがやっと日本で流行しはじめたとき、野菜の農薬汚染が一まつの不安を感じさせるようになったのは皮肉である。少なくともアメリカ式に腹いっぱいサラダを楽しむには、すこし勇気を必要とする時代である。

園芸の好きなイギリス人は十七世紀ごろに家庭菜園（キチンガーデン）を流行させ、新鮮ないろいろのサラダ用野菜を作って、楽しんだという。土地が高価で、スモッグによごれた二十世紀日本の

〝士一升金一升〟の都会に住む者にとって、自分の食べる野菜を自分で育てて食べることは、最高のぜいたくになってしまったけれども。

西洋の女性の歴史はつぎつぎに家事を投げ出していった女の歴史だ。十六世紀ごろ、主婦たちは自分でパンを焼き、バターやチーズを作り、お菓子を作り、子供の世話をし、糸を染め、織り、衣服を作った。もちろん料理は毎日の仕事だった。そして、そのあいだにサラダも作った。この事情は日本の女性についても同じかそれ以上である。ところが、だんだんそれらの仕事を、完成品を店から買うか、専門職にまかせるかすることによって料理以外の仕事は放棄してきた。料理こそは、最後に残った〝家事〟であり、家族どうしを結びつける唯一のものとなってきた。

そして今、加工食品の普及によって、近い将来、主婦は料理からも解放される時代がくると予測されている。家庭はその残された最後の機能をも失ってどうなってゆくのか、だれも知らない。が、サラダは加工食品にはできない。サラダは、家庭での女性の唯一の楽しい仕事——台所とテーブルの「食べる生花」として未来の食生活の中にも厳然として残るのではないだろうか。「料理は芸術」などという説をなす人も多いが、サラダこそは、十六世紀以来、〝女性の芸術〟の一つだったのだ。

米食の歴史

日本人の食生活

めしとか御飯というのは、日本人にとって、食事そのものを意味する。いや、「一度めしでもごいっしょに」と言うとき、それは酒を飲むことであり、うまいものを食うことではあっても、米粒は一粒も出ないことも多い。日本人にとって食物とは米であり、食事とはめしを塩味とともに食べることにほかならなかった。日本に多い〝だし〟類や味噌や醬油は、塩をマイルドな味にした〝塩の味つけ〟であったし、塩昆布、塩鮭、つくだ煮なども、要するに塩の変型にほかならない。〝米塩《べいえん》の資〟という熟語（生活費のこと）は、こんな食生活を下地にして生まれた。

江戸っ子の夏目漱石が、ある農村へ旅行したとき、水田を見て「あの草は何か」とそばの者に聞いた、という話は有名だ。私自身、日本人二世の学者夫妻を案内していたとき、「いたるところで見かけるあの禾本《かほん》科植物はなんという名か」と、短軀、黄顔で、めがねをかけた、どこからみても日本人の中年男に見えるその学者に聞かれて絶句したことがある。しかし、汽車の窓から、平野のあるかぎりつづく水田は、たしかに目立つながめである。

漱石の話は、漱石自身、米どころである愛媛県松山の中学に奉職して『坊っちゃん』をものしたぐらいだから、稲を知らなかったというのもちょっとまゆつばだが、この話がめずらしい逸話としてのこっているほど、すべての日本人は稲を知っているわけである。

あまり見なれると、それがあたりまえの風景のように見えてくる。日本人は水田と水田にゆれる緑、あるいは黄金《こがね》色の〝草〟に、自然そのものを感じているところがある。そこに群れる雀たち、それを背景にしずむ夕日、夜そこで鳴きさわぐ蛙の声、それらは日本人が〝自然〟を考えるとき、必須の道具立てになっている。たまに田舎へいく都会人は、「やはり自然はいい」などと深呼吸をしたりする。そして水田が千数百年間、日本の自然、すくなくとも野の自然にとって不可欠の風景だったこともたしかだ。

しかし、じつは水田こそは人工の極みといってもよい。海岸や陸地に住んで、陸生の麦や粟などの穀物を食べていた原日本人が、弥生式文化人におしえられて、耕作が不便な、しかし、収穫量が多く、おいしい水生穀草である稲を沼地に植え、やがて低湿地にあぜをつくり、水田をつくっていった。その様子は今日の宅地造成や建築ブームにも匹敵する、日本列島のすさまじい改造であったことだろう。葦やほかの水辺植物の密生していた風景は、見るまに整然たる区画の水田にかわっていった。

そして現在、耕耘機ですきおこし、化学肥料をふりまき、除草剤と殺虫剤をふりかけて、稲のほかはほとんど生物を拒否する密植の水田。それはむしろ西洋の幾何学的なローン（芝生）のある庭園のようでさえある。

日本人の歴史は、稲を手なずけてきた道だ。そのあいだに、稲は野生の性質を失って、人間の保護なしにはそだたない、ひよわな、しかし澱粉だけは豊富にたくわえる道具になってしまった。みのると穂の重みにたえかねて頭をたれる稲の姿は、謙譲の美徳の象徴のようにされてきたが、じつはあのように重そうに穂――その植物の一生にとってもっともたいせつな、自分の生を次につなぐための種子たち――をたれ、ちょっとした雨や風でたおれてしまう植物は、植物としては奇型だという説もある。

外人学者は、日本人の米作りは、農業（agriculture）ではなく、園芸（horticulture）だなどという。種まき、苗代、整然たる田植え、田の草取り、ヒエ取り……多くは雨中、あるいは炎天下での気の遠くなるような労働だ。いくつしまれ、なでさすられながら、稲はみのる。ちょうどいつくしみそだてられたバラが、やっと花をさかせるように。こんにち、米作りほど政府の保護をうけている産業はない。生物学的にも、政治的にも、日本の米は過保護なのである。

稲をいつくしみ、米にすがる日本の食生活は、米の食べ方を多様に変えてきた。米の形としては古代の玄米から白米へ、料理法としては生米から焼き米、蒸し米、炊《た》きめしへと変わり、だんだんやわらかくして食べるようになった。耳の前あたりを〝こめかみ〟というのは、生米を食べるときにもっともよくつかう、つまり、くたびれる部分だからだ。そして、精白がおこなわれるようになったころから、日本人の宿痾〝脚気〟がはじまる。白米だけの生活によるビタミンB_1欠乏は、明治にはいって、日本の栄養学の眼目となった（ビタミンB群は日本人学者によって、米ぬかからはじめてみいだされた）。栄養がたりなければ、副食でおぎなえばよい。ところが、当時推奨されたのは麦めしの採用であり、帝国海軍では功をおさめた。これだけの単一食品への傾倒は、赤ん坊の牛乳をのぞいて、世界にもちょっと例がないのではないか。

中尾佐助氏の『料理の起源』によれば、世界の米の炊き方には、〝湯立て〟（湯を沸騰させてから米を入れる）、〝湯取り〟（多量の水で米を煮て、沸いたら火をとめておねばをすて、ふたたび弱火の上で蒸す）、〝炊干し〟（いまの日本での炊き方）、〝三度めし〟（何回も炊いたり、蒸したりする、あるいはそのコンビネーション）、〝蒸しめし〟（こわめし）などがあるという。日本には古来から、インドなどで一般におこなわれている湯取り法はなく、蒸しめしから、かゆの一種として今日の炊き方が定着したらしい。三度めしや湯取り法などは、玄米を食べていた時代の方法のようにもおもわれる。

日本のモチ、シトギ、ダンゴ、セイロンやビルマや台湾のシトギなど、粉食、または非粒食もあるが、少なくとも主食としての米の食べ方は、粒食がほとんどのようだ。小麦と米は、それぞれ粉食と粒食の雄として、東西の食文化圏をほぼ代表している。

基本通貨として

米はおいしい。そして、日本人がそういう知識をもっていたかどうかは別として、米は蛋白質含有量も高く、たくさん食べれば、蛋白質の必要量をまかなうことができる。日本人にとって、米は食物の王であり、食物そのものとなっていった。そしてさらに、○人扶持《ぶち》、○万石などと、米の量を基準にして給料が支払われるのに長くはかからなかった。

江戸時代には二合五勺桝《ます》というのがあった。がんらい日本には、西洋のような二分の一、四分の一、八分の一というふうに割っていく数え方はなく、一、二、五、十……といったふうに十進法をまもるか、一―二（fi―fu）、三―六（mi―mu）、四―八（yo―ya）というふうに倍々に（子音が揃っている）増していくのがふつうで（たとえば、アメリカには二十五セント貨があるが、日本には二十五円貨などというものはないし過去にもなかった）、この二合五勺桝は異例だ。これが一日二食時代のおとなの一食分の基準だった。つまり、胃袋の大きさをもとにしての計器だった。○人扶持というのは、これに二杯、つまり五合を、おとな一人分として計算した米の量を基準としたものだ。十九世紀にもなりながら、千年以上も前から貨幣をもち、それをつかいこなしていながら、給料を食物の量に換算し、しかも人間の胃袋の平均的サイズまで考慮した給与体制をきずいていた国は、ほかにはないだろう。米は明治の世があけるまで（たぶんあけてからも）、日本の貨幣、というより、現在の金《きん》の役目をはたしていたのだ。

米は良質の蛋白質をわりに多くふくみ、この点で小麦よりたいへんすぐれている。このことが米食偏重の日本の食生活をゆるしてきたわけで、もし米の蛋白質が小麦程度のものだったとしたら、日本人の食生活はずいぶんとちがったものになっていたことだろう。蛋白の不足分を魚なり、肉なりにあおがねばならなかったはずで、ひょっとしたら肉食の道をあゆんでいたかもしれない。「肉食禁止令」が出された飛鳥時代は、日本人の食生活にとってこの意味では重要な時代だったということができる。この時代にはすでに、給料や報酬に「稲〇束」というふうに、未脱穀の米が支払われていた。「米さえ食っていれば」という考え方も、基本通貨としての米も、じつはこの時代に始まっていた。

米食の減少

しかし、米は基本通貨ではあっても、日本人の〝基本食〟となったのはずいぶん新しく、太平洋戦争後だといわれる。それまでは米をつくりながら、食べることはまれで、麦や稗や芋を食べていた人も多かった。支配階級にとって、農民は雑穀や芋を食べて、米をつくる機械にすぎなかった。江戸時代に数回あった大飢饉で餓死したのは、ほとんど農民だった。米食の歴史は、じつは長くて、暗い。長いあいだ、米は庶民のあこがれでさえあった。

しかし、農作技術の向上や農薬の使用によって、米の豊作がだいたい、いつでも約束されるようになったころから、日本人はすこしずつ米を食べなくなってきた。めしの炊き方もかんたんになった。もともと乾燥した穀物が、粒のまま気楽に二十分や三十分間加熱されて、うまい食物になるはずはない。だから炊干し法には、炊く前に水につけたり、「はじめチョロチョロ　中パッパ」などと、秘法がつたえられねばならなかった。それを一掃したのが自動炊飯器だった——いや、ここで一掃されたのは、日本人のめしへの愛着だったのではないだろうか。そして、ためされたのは日本人の味覚だった。電気釜のめしの味は、日本人が米食国民であることを疑わせるような種類のものだといってよい。めし炊きがそれほどめんどうくさく、主食にたいする味覚がそれほどあらっぽいのなら（昔からくふうされつくし、多様な発展をしめしているパンのいろいろとくらべていただきたい）、いっそ米屋はやめて、炊きあがっためしを売るめし屋をつくればよい、という説もある。

前記中尾佐助氏の所説によれば、調理法はその穀物の発展期に発散し（多様にくふうされ）、全盛期と衰退期に収斂《しゅうれん》（しぼられて減少）するという。中尾氏はパンも米も衰退期にさしかかっていると判断しているが、しゃもじで二、三度かきまわしてスイッチをいれるだけというこの調理法の〝収斂〟の極致は、米食の衰退の確実な進行を物語るものといえよう。

そして、米はあまって日常商品への道をあゆみつつある。都市近郊の農民たちは、豊作であろうと不作であろうと、いや、米をつくろうとつくるまいと、悠然と土地の値上がりをまちつつ、くわをクラブにもちかえて、ゴルフにいそがしい。米はいまようやく、日本におけるかつてのかがやかしい神通力を失いつつあるようだ。

アメリカの米

もう十年も前になるが、アメリカで暮らしていた頃、テレビのコマーシャルを見ていてくすぐったい気持になったことがあった。米の広告で、小さなボウルにつめてつくったおにぎりが画面に二つ並び、どうしてだか知らないが水着の美人がフォークをもって現われて、このライスのかたまりを突いてみせる。他社のライスはこんなにフォークが入ってもくずれないが、わが社のは、ほれこんなにと突いてみせると、ばらばらと、それこそ子供のつくった砂のお山がくずれるように、一粒一粒になって皿にひろがる。美女は「ね」といってにっこりし、カメラはめしの一粒を大うつしにする。長くとがった硬質長粒の〝外米〟である。日本の米は世界の評価からすれば三級品だという。一級品と二級品はどこの米か聞きもらしたが、いずれこの美女によってくずされたあの〝砂山〟こそ一級米なのであろう。

スープの国ということで、いろいろなスープがあるが、中にチキン・ライス・スープというのがある。注文してみると、チキンのコンソメの底に一センチばかり、ふやけためし粒が沈んでいる。スープはさらりとして口あたりよく、めし粒も、まあ外見は大和の茶粥ほどにふやけてしまってはいるが、シャッキリと形を保っていて舌ざわりも悪くない。それは日本の粥の中の、形がくずれてノリのようになってしまった日本米の粒とはちがって、妙にエコジな〝殼粒〟を感じさせた。

日本にはヒメノリというのがある。炊いためしからつくったノリのことで、洗張りのときなどに使う。あんなに粘り気のない米が好きなアメリカではちょっと思いつかないものだろう。アメリカではワイシャツなどのノリづけのことはスターチ（澱粉）というが日本語の「ノリ」という言葉がもっている粘い（スティッキー）とかどろどろした（ペースティ）とかいう意味はない。むしろ、スターチーとかスターチトとか形容詞にして「こわばった」とか「かたくるしい」の意に使っているところが対照的だ。

こういうことは、やはりアメリカにいた折りインド人夫妻に招かれた時にも感じた。「お前はライス・イーターのはずだから」というので、わざわざめしを炊いてくれたのだが、見ていると、米を鍋に入れて、水をいい加減に、お粥をつくるのかと思うぐらいじゃぶじゃぶと注ぎ、ふき上ると火を消して、いったん湯を捨ててしまう。われわれがおねばとよぶ濃厚な重湯部分、分析してみれば、各種のアミノ酸もとけていて、日本人にとってはめしの味を左右する大切な部分を捨ててしまう。ふたをしてしばらくおいてでき上り。残った沈殿部分がかれらのいうめしだ。中尾氏によれば〝湯取り法〟である。どうして湯を捨てるのか、ときくと、ねばるからだ、と答えた。もとより粘りの少ない米の粘りさえ気にするかれらなのである。

私にはフォークをつけてくれたが、かれらはこれを手で食う。手にとってしばらく何回か握りしめてつぶし、ほぼメシ粒がつぶれてヒメノリ的になったころに口に運ぶ。黒い指のあいだから、つぶれたドウがニョロニョロとでてくる。手にはつかない。つくほどねばっていない。日本米であんなことをしたら、たちまち手にくっついて、収拾がつかなくなることだろう。

——いろいろ書いてきたが、つまり、これらが世界の米であり、その食べ方なのだ。この方向はひとくちにいえば、徹底的なねばりの拒絶だ。こういうことはよくいわれていることだが、これが日本の米の将来を占う上で意外に重要な要因になるのではないかと思う。

ある女子大学の寮で寮生全員に二週間パン食のみで過させるという実験を行なったことがあった。悲鳴をあげるものも出るのではないかと予想されていたのだが全員けろりとしたもので、「こういう実験は何回でもくり返してほしい」という学生さえあったということだ（女子栄養大学小池五郎教授）。

この話はいまの若い層の食生活の中で「主食」の座を追われつつあるめしの地位がどんなものか、はっきりと物語っている、小池教授は「ふだんよりも食費を三〇パーセントほど多くし、その分だけ、献立が豊かになったことも影響したのであろう」といっておられるが、学生がごちそう（副食）の豊かなのをよろこんで、米のめしへの郷愁を覚えなかったのだとすれば、米の地位はますますあぶない。パンとの競争と副食との競争において、二重に圧迫されて後退を続けているのが米の姿であるらしい。

このことは日本人一人あたりの米消費量の着実な減少にあらわれている。ことに都市（人口五万以上）では昭和三十五年（年間百キログラム足らず）を戦後のピークとして着実に減りはじめ、だいたい三年間で一〇キログラムずつのペースで減っていっている。横軸を年度に、タテ軸を年間一人当りの米消費量にとったグラフでも、ほぼ直線を描いて右下に向って下降しており、もしこのペースが続くとすると昭和五十四年か五十五年には〇キログラムの線に達することになる。

まあ、いくらなんでもそんなことはあるまい。種々の事情を考慮に入れれば、米消費量は結局一人当り年間五〇キログラムぐらいに落ちつくだろうというのがいまの観測のようだ。

米食のこれから

子供を対象とした洋風志向度の調査では、魚と肉とどっちが好きかという質問には肉、味噌汁と牛乳なら牛乳、という現代っ子だが、ごはんとパンではごはんという答えが出ており、〝日本食派〟にとっては心強い限りだ。ごはんの食べ方にもいろいろあり、変りごはんやどんぶりめしは、もともと子供の好物だ。パンだとこう器用にフィーリングを変えることができないのも子供がめし好きな原因の一つだろう。たしかに、サンドイッチかカレーライスか、という設問ならかなりの子供がカレーライスをよろこぶだろうことは十分考えられる。

カレーライスには粘りのある内地米よりも、パラパラした米の方がいい、といわれる。このことは混ぜめしや○○ライス類についてもいえることだ。そして、こうしてめしに外から味や香りをつけてしまえば、外米だって古米だって大して気にはならない。いや、気にしない世代が育ちつつあるのだ。炊きたてのめしの香りをいつくしみ、その丸やかな舌ざわりと、あるかなきかの味を一生の友とし、

三度炊くめしさえこわし軟かし思うようにはならぬ世の中

などと人生を歎じ、めしの炊き方のじょうずなのがよい嫁御、という、あの溺れるようなめしへの愛着ほど、こんにちの日本の若者の心と味覚から遠いものはあるまい。カレーライス、チキンライス、オムライス、焼きめしなど〝洋風〟のたべ方で、やっとめしは新しい世代の中で座を占めていくことになるのかも知れない。

人口や食料の統計にはくわしくないが、この米の一人当り消費量の減少パターンは日本における世代の交代のパターンと一致しているか、少なくとも比例しているのであろう。このことは、米の味をとやかくいわない世代が育ちつつあることを示す。最近、米のまずくなったことが方々で話題となり、米が余って食べられなくなった一因を米の味に帰する向きもあるようだ。〃いまもしほんとうにおいしい米を食べようと思ったらアメリカへ行かねばならない〃などともいわれる。

米がまずくなったこともたしかだが、日本における米消費量の減少に影響を及ぼしているのはめしが好きでめしの味にうるさい人たちがめしをたべなくなったからではないだろう。こういう人たちは文句をいいながらも、米をたべ米食中心の食様式に執着している。米消費量を減少させているのは、副食物を多くとり、澱粉源としてはごはんでもパンでも意に介さない幼若年層なのである。米の味に敏感だということは、その分だけ白いめしと一汁一菜ぐらいの、めしのつけ合わせ程度にしか副食をとっていない食生活の証明なのである。

あの電気炊飯器とともに家庭に導入されたのは、めしは簡単に炊けるもの、という、いやにお手軽な考えだろう。洗うのにもしゃもじでぐるぐると洗い、二、三度かき廻すだけ、予備浸漬もせず、あたふたとスイッチを入れて、もう忘れていればでき上がる。心をこめて炊け、などというのではないが、ここには米という穀物の性質を無視した、昔の軍隊の炊事場にも似た大ざっぱさがあるのが気になる。素材の味を生かして、心をこめてつくりましょう、などと教える料理学校だが、めしの炊き方のこのおおらかさはどうしたことだろう。それでいて、ホットケーキでも作る時になると、粉がどうの、こね方がどうの、とうるさいのに。

かつて貴重品だった米のめしは、いま台所の仕事としては最も低い次元のものとなっており、めしはまるで水か空気のように無味無臭の安手のものとなっている。そして、炊飯器のめしによって育った子供がいま二十歳前後を迎えた。この人たちが炊飯器にたよらない飯に（たとえそれをうまいと感じたとしても）異質を感じ、それを特別の〝料理〟と感じる日も遠くはあるまい。めしを食べないでも気にしない人たち、めしの味を気にしない人たちが作っていくこれからの日本の米食のパターンは、いままでとはずいぶん異なったものになることだけはたしかだ。

かつては「千《ち》五《い》百《ほ》秋《あきの》瑞《みず》穂《ほの》国《くに》」という古い日本の異名を思い出すまでもなく、日本の野を、野のある限り続く「美田」は豊かさの象徴だった。

そして「おてんとさんと米のめしはついて廻る」などともいう。米は日本人の食事のすべてだったし、庶民の哀歓は米にのみつながっていた。

世の中はいつも月夜に米のめしさてまた申しカネのほしさよ　（蜀山人）

こんにち、夜は照明によって月夜よりも明かるく、米は余る。ひとりお金のみをめぐって、一喜一憂する経済大国日本なのである。

めん類文化

めん類事始

穀物の食べ方には粒のまま調理して食べる「粒食」と、いったん粉に挽いてから調理して食べる「粉食」（いり粉のようにこの順序が反対になっているものもある）とに大別される。米が主として粒食されているのと対照的に、麦類、ことに小麦は粉食が原則だ。もともといり麦やあらびきがゆ（日本の米の粥のような「粒食粥」とそばがきのような「粉食粥」の中間に位置し、殻粒をなかば砕いて水と煮る。麦類のように皮が硬く、除きにくい穀物では、この方法が古くから発達したと考えられる）として食べられていたものが、製粉技術の向上とともに、粉を水と練ったドウを加工して食べるようになり、インド以西でチャパティやパン、アジア、ことに中国で「めん類」の形をとっていった。

穀類の加工品を表現する漢字について、現在中国と日本で混乱がある（というよりも日本での誤用）。中国語で「麵《ミエン》」は小麦粉そのもののこと、「餅《ピン》」が小麦粉製品のことだ。日本には形を問わず非醱酵の小麦粉製品をあらわすことばがないので、混乱を避けるため、「広義のめん類」とよぶことにする（イタリアのパスタ類もこれに入る）。

広義のめん類は、ドウをいろいろな形にこねてから加熱するもので、乾かして保存でき、煮て汁とともにか、湿った料理として食べることができるのが特徴で、パンに比べて簡単なので、始まったのはパンより古く、紀元前五〇〇〇年ごろとされ、一説では、細長い形のものは中国では三世紀の漢魏の間といわれる。だいたい日本の邪馬台国のころだ。

このような広義のめん類は大体奈良時代に日本に入り、数種類が平安時代にかなり普及した。すべて麦粉を捏ねてから形を整えて煮たり、揚げたりしたもので、粒食中心だった日本では珍しいものだったことだろう。これら広義のめん類は唐菓子《からくだもの》と呼ばれたが、このうちの一つか二つがヒントになって、日本のめん類が生まれた。

唐菓子の一つに索餅《さくべい》というものがあり、索《なわ》のように撚ったピンという意味で、太く伸ばしたドウを二重にしてヒネった、ネジリン棒のような形をしていたらしい。日本では、麦索《むぎなわ》と呼ばれた。

麦索は、しかし、奈良時代の終りごろには、今日の干うどんに近い、かなり細長い、しかも干して流通する食品になっていたらしく、田束麦《たつかむぎ》・手束麦《たつかむぎ》・乾麦・干麦などとも呼ばれていた。また、宝亀元年（七七〇）の銭用帳には、「索餅一百藁」とあり、「藁」という単位で数えられ、売買されたことからも想像される。この「藁」という単位は索餅独特のもので、ほかにはみられない。

また、『延喜式』には、「索餅料　小麦粉一石五斗　米粉六斗　塩五升　六百七十五藁を得。粉一升四藁半を得」とあり、小麦粉と米粉をほぼ三対一の割合で使い、塩も使っていた。また、「索餅を乾す籠十六口、長さ三尺、広さ二尺」ともみえ、製造の過程で乾燥工程が入っていたことがわかる。粉一升で四藁半というのだから、一藁というのは二〜三合で、今日の干うどん一束ぐらいに当たろうか。価格は推測によれば、三藁が米一升と同じぐらいだった。ただ計量単位には、他の唐菓子類と同じ「了」が用いられている例もあり、このほうが古いのかもしれない。

うどんの起源

麦索が普及してゆく過程で、いつのころからか、今日のうどんやそばのようにドウを平たく伸ばして切るという技法と、そうめんのように油をつけて、手で引き伸ばす方法とに分れていった。現在の中華めんの製法から推測して、手延べのほうが中国伝来の方法で、麦索も、この方法でつくられていたのだろう。

前者は「切る」ことに着目して切麦《きりむぎ》と呼ばれ、熱くして食べるのを熱麦《あつむぎ》、冷して食べるのを冷麦《ひやむぎ》と呼んだ。冷麦だけがいまもことばとして残っている。

一方、別の唐菓子に混沌《こんとん》というものがあり、これが「うどん」という名のもとだといわれる。江戸時代後期に出た『嬉遊笑覧《きゆうしょうらん》』という随筆集の説によるもので、その部分を写すと、

「……按ずるに、混沌、後に食偏に書きかへたるなり。煮て熱湯にひたして進むる故、此方にては一名温飩ともいひしなり。今世、混飩は名の取違へなり。それは温麵にて、あつむぎといふものなりといへり。鶏卵うどんといふは、麵に砂糖を餡に包みたるものなり。これらを思ふに、其のもと餛飩

なりしこと知らる。名の取違へにもあらず。むかし饂飩にかならず梅干を添へて食したり」

つまり、唐菓子の混沌が、食物だからというので「餛飩」と食偏に変えられ、熱いからというので「温飩《おんとん》」となり、もう一度食偏に変えて、「饂飩《うんとん》」となり、「うんとん」が縮まって「うどん」となった、ということらしい。

こうくるくると字が変わるものか、どうか知らないが、とにかく理路整然としている。これが本当だとすると、印象によって字をつくり変えること、これほどひんぱんな事物はほかに例がないだろう。「饂」は中国にはない字で、あきらかにこの目的でつくられた国字だ。

室町初期の辞典に「うんとん」があり、末期には「うどん」があるというから、この辺が「うどん」ということばの成立時代ということになる。江戸時代には「うんとん」「うんどん」「うどん」が並行して使われていた。

この説のもとになっている「混沌」だが、餡を入れた小麦粉の団子を煮たものといわれ、不定形で頭としっぽもないから、「混沌」と呼ばれたとか、熱い汁の中でころころしていて、なかなか箸でつまめない（つかまえどころがない）から、とかいわれている。レシピから推測して、かなりドロドロしたものだったことだろう。「混沌」というのは、混じり合っている未分化の状態をいうのだから、そんなドロドロした汁の印象からきた名かもしれない。もしそうなら、今日の「山かけ」など、かなり「混沌」の原義を伝えているといえよう。

同じく唐菓子からとはいえ、起源と語源がくいちがっているが、ともかくはじめ、熱くして食う「熱麦」が「うんとん」または「うどん」と呼ばれ、やがて、「うどん類」として冷麦・冷しうどん・きしめんなどを総称するようになったのだろう。

また、この説では、うどんに梅干を添えたことが記されており、今日からみれば珍しいが、寛永のころ出た『料理物語』には、「汁はにぬき又たれみそよし、胡椒・梅」とあり、やはり昔は梅干がうどんに合うとされていたらしい。

変わったうどんに、「きしめん」というのがあり、名古屋のひとたちは「お茶でも飲もう」という代りに、「きしめんでも食べよう」というほど、名古屋地方では愛好されているそうだが、この為体のしれない名は「棊子《きし》（碁石のこと）麵」からきたとか、中国の「雉子《ちし》麵」のなまったものだとか、「雉《きじ》麵」のなまりだとか、紀州が発祥の地で「紀州麵」のなまりだとか、語源だけは賑やかだ。それに「ひもかわ」ともいう。これもひもみたいだからとか、芋川（地名）のなまりだとか説がある。まさに混沌としていて、なにがなにやらわからない。

香川県の讃岐うどんは、ドウの上にムシロを置いて、足で踏んで、ねばりを出してつくる太いうどんで、白くなめらかで、しこしこと腰が強く、うどんというものの一つの典型だ。私の友人には、朝めし抜きで東京を六時の新幹線で発って、宇野線・連絡線・私鉄と乗りついで、午後一時前に琴平に着くまで飲まず食わずでいて、讃岐うどんを飽食するのをこととしているひとがいる。

こんにちのそば（そば切り）は比較的新しく、天正年間（一五七三〜九一）に朝鮮の元珍という僧が、そば粉につなぎとして小麦粉を入れると、うどんのようにして食べられることを教えてからといわれている。それまでは、そばねりやそばがきなど原始的な方法で食べる救荒食物の一つだった。そば切りは江戸で愛好され、少なくとも江戸では一口にめん類のことを「そば」というほど、うどんの上位を占めるにいたった。

「麦索」から「切り麦」、「うどん」、「そば」、「中華めん」、そしてインスタントラーメン、カップめんと、日本のめん類の技術と、日本人のめん類への愛着も長く、ますます多彩である。

パンを食べる人

古代エジプトで発祥

パンは世界で古代最高の加工食品といわれている。かたくて味もない穀物の粒が、柔らかくておいしいスポンジのような食品に変わる。それは、めん類やケーキ、クッキーなど多彩な穀類の加工食品にとり囲まれた現在の私たちから見ても、すばらしい〝変身〟食品だ。パンは古代エジプトで始まったといわれるが、たぶん、当時せいぜい穀物のひき割りがゆぐらいを食べていた周囲の民族にとって、文明国エジプトのパンはよほど珍しい手品のように思えたせいだろう、エジプト人は「パンを食べる人」と呼ばれたという。このことばには、今の私たち以上にパンに対する驚きと畏敬の念がこめられていた。

小麦は米と違って、かたい皮をかぶっており、また粒のまま精白するのがむつかしい。だから小麦を主食とする民族の間では、小麦をひき割ったり、粉にひいたりして、おかゆや平焼きにして食べる方法（粉食）が主流だった。今でもこのようにして食べている人たちは多い。有名なインドのチャパティは小麦粉を水とこねてドウを作り、これを焼けた石の上にはりつけて焼いた、まあ、具のないお好み焼きみたいなものだが、現在も主食の一つになっている。

ところで、このドウをすぐに焼かずに一晩ぐらいおいておくと、空気中の酵母（イースト菌）がついて繁殖して、ふくれてくることがある。それをそのまま焼くと、ふっくらと仕上がる。

これに目をつけて人為的にやったのがパンのはじまりだ。もちろん野生のイースト菌がドウに飛び込むのを待っているだけでは、日によってうまくいったり、失敗したりする。うまくいったときのドウ（中にイースト菌が生きている）を保存したり、温度や時間をコントロールしたりして、パンを常食とするようになったのがエジプト人だったのであろう。あるエジプト人がドウにぶどうの汁を入れることを思いつき、やってみてからあと始末をしないで放っておいたら、翌日になってみたらふくらんでいた。これを焼いたらとてもおいしかった。これがパンのはじまり、という伝説もある（ぶどうの中に含まれている酵母が働いたというわけだ）。

いずれにしても、あるなまけ者かうっかり者の発見が受け継がれてパンの誕生を見たのであろう。それが数千年前のアジアとエジプトでだった。

古代のパン作り

古代エジプトでは女性が粉をひき、パンを焼いた。パンをいろいろな形に焼くことは、そのころから行なわれ、球形、円錐形、ピラミッド形、鳥や魚の形のパンが作られ、人々を楽しませていた。初めはドウを灰の中に入れたり石にはりつけたりして焼いていたが、ギリシア時代に天井をつけ、囲いをつけたかま——つまり、今日のオーブンの先祖が発明されて、パンをますますじょうずに焼くようになった。粉ひき、発酵、オーブン。これだけの技術の発生を促したパンは、確かにたいした食品である。

ギリシアのある壁画には、四人の人が並んで小麦粉をこねている横で、一人の男が笛を吹いている様子が描かれている。笛の音に合わせて粉をこねるのが普通だったのだろうか。もしそうだとしたら、パン作りは骨は折れるがひどく楽しい作業だったに違いない。

ローマ時代にはパン焼きは職業化され、パン屋がたくさん現われた。西暦七九年にはベスビアス火山の爆発でポンペイの町が灰に埋もれてしまったが、十八世紀になって大発掘が行なわれた。町の建物や道が当時のままの姿で現われ、文明史上、貴重な資料となっているが、パン工場や金持ちのパン焼き場も発掘され、当時すでにすぐれた技術があったことが確認された。

中世からルネッサンスを経て、パンはますます上等になり、また、フランス、オーストリア、ハンガリア、ドイツなどに広がり、お国ぶりのパンが作られるようになり、やがてフランスで花を開いた。また、イギリスへは古代ローマ人によって直接、パン製法が伝えられ、山形の食パンを代表とするイギリスパンが発達していった。ここでもパン作りは女性の役だった。今日、淑女という意味の「レディ」という英語は「粉をこねる人」という意味のチュートン語から、また「主人、殿様」という意味の「ロード」は「パンの番をする人」というチュートン語からできたことばだということだ。

アンパン

東洋の米食国日本へは、約四百三十年前に、ポルトガル人がパンをもたらした。このとき、日本人の何人かが初めてパンというものを見たわけだ。その後、慶長十四年（一六〇九）に上総に漂着したフィリピン総督のドン・ロドリゴ・デ・ビベロという人が、「日本人がパンを食べるのは、くだものと同じく常食外としてだけだから、江戸で作るパンは世界中でいちばん質がよく、買う人も少ないから価格はタダ同然」（『事物起源辞典』）と報告しているのが日本でのパンに関する文献の最初だ。この時代にはもうパンが作られていたらしい。

もっとも、日本人のパンに関する認識は妙なもので、江戸時代の『倭漢三才図会』には、「（パンとは）蒸餅すなはちマンジュウのアンなきものなり。オランダ人つねに一個を用ひて当食（一食分）となす」とか『蘭説弁惑』には「問うて曰く。オランダ人、常食に〝ぱん〟と称するものを食するよし。何をもつて作れるものにや。答へて曰く。これは小麦粉……練り合はせて蒸し焼きにしたるものなり」など、今となってはおもしろい記録が残っている。

初めの引用にあるように、米食の日本ではパンは主食としてはなかなか用いられず、日本人はパンをお菓子の一種とみなしたが、これは太平洋戦争前ごろまで続いた。だから「マンジュウのアンなきもの」という表現には、おいしいお菓子をもらいそこなった子供の不満のようなものが感じられる。

明治三年に芝に日本最初のパン店を開いた木村安兵衛（木村家の祖）は、七年に銀座に進出したが、やがてパンにアンを入れることを思いつき、アンパンを売り出したところ、たいへんな人気で、銀座名物になった。アンパンの評判は明治天皇のお耳にはいり、木村家はアンパンを献上したが、そのとき、アンパンの中央に桜の花の塩づけをのせた。これも木村家のヘソパンとして有名になった。〝アンのないマンジュウ〟にアンを入れたわけだから、日本人に喜ばれるのは当然だったといえよう。

のちに、アンのかわりにジャムやクリームを入れる〝洋風〟のものも登場し、それぞれ日本のパンのスタンダードとしてもてはやされてきた。もっとも、こういう種類の菓子パンは本場の欧米にはなく、日本に来る欧米人にとっては珍しい感じがするらしい。あるアメリカ婦人がハンバーガーを作ろうと思って丸いパンを買って帰り、横に包丁を入れたらアンコが出てきたのでぎょうてんした、という話を聞いたことがある。

パンは肉と並んで、西洋文化の代表として日本にはいってきたが、肉がいきなり牛鍋、すきやき、みそ漬けなどとして日本料理の中へとり込まれていったのに反し、パンのほうはなかなか一般家庭の食卓に席を占めなかった。しかし、パンは米と比べると、炊く手間もいらない。ご飯と比べても、腐りにくく、軽い。だから、戦争や旅行のときにはもちろん、主食として重宝された。維新戦争のおりにはドーナツ形に焼いたパンが兵士たちに配られ、兵士たちはそのパンにひもを通して腰に結びつけて従軍したという。「腰弁」にかわる「腰パン」だ。

少し時代がさかのぼるが、織田信長はハイカラ好きで、南蛮の服を着ていすに腰かけ、西洋の食事を好んで食べたといわれる。また幕末の戦いでは、幕府と薩長勢が戦ったが、幕府はフランス陸軍に、薩長はイギリス軍にあと押しされた。日本にまずイギリス式の食パンが普及したのは、この戦いで薩長が勝ったからだといわれる。

食生活の文化も歴史によって左右される。もし本能寺の変が成功していなかったら、それに続く四百数十年の間に、日本人はパンを食い、肉を食べる洋風の食生活を、いち早く展開していたかもしれないし、また、もし幕末の戦いに幕府が勝っていたら、日本人はバゲットやクロワッサンなどフランス式パンにもっと早くなじんでいたかもしれないのだ。そして、太平洋戦争の戦中戦後の米不足のおりに〝代用食〟として、パンがよく用いられることがなかったら、日本でのパンの普及はもう少し遅れていたかもしれない。

こうした菓子パン全盛の中でパンの栄養価に着目し、大正の初期に日本にもパンを基調にした洋風な食生活がやってくることを予見した桐山政太郎は、主食としてのパンの製造と普及に身を挺した。当時の食パンは関東より神戸のパンのほうが良質といわれていたが、かれは神戸のパンを大阪に普及させようとして、みずから自転車でパンを運んだ。そして、大正七年に大阪に「神戸屋パン」を設立した。こうして「マルキ」のアンパン、「神戸屋の食パン」と並び称され、日本は徐々に菓子パン時代から抜け出していった。

もっとも、日本など、フジヤマとゲイシャのアジアの米食国としか考えていなかったアメリカ人にとって、神戸屋が昭和七年に建てた三階建ての大工場は驚きだったらしく、アメリカの雑誌「ベーカーズウイークリー」は〝なんとむちゃをする。今につぶれて映画館にでもなるよ〟などと書いている。が、工場はつぶれなかった。それどころか、食パンはますます日本人に愛されるようになっていった。

パンのことわざ

パンは長い間ヨーロッパの主食だったから、パンが登場することわざは多い。パンがことわざに使われた最も古い文献は聖書かもしれない。「人はパンのみにて生くるものにあらず」という有名なキリストのことばだ。しかし、その後、パンはかけがえのない日常の食事という意味を伴って、いろいろなことわざを作っている。少し紹介すると、

パンはあるだけ食え。酒はほどほどに飲め。

恵まれたパンでは腹いっぱいにならない。

犬のいるところにはノミがいる。パンのあるところにはネズミがいる。女のいるところには悪魔がいる。

以上、フランス

苦労なしではパンは得られない。

パンのかけらで買う（二束三文でものを買うこと）。

水上にパンを投げる（エビでタイを釣る）。

両面にバターをつけたパン（気楽な稼業）。
いっしょにパンをちぎったことがない（同じかまの飯を食ったことがない）。

以上、イギリス

飲み屋のそばにはパン屋は立たない。
ひたいに汗して汝のパンを食うべし。
パンはどこでもオーブンで焼かれる（いずくも同じ秋の夕暮れ）。
文学もパンへ向って行く（芸術も金次第だ）。
塩とパンはほっぺたを赤くする（簡素な食事は健康によい）。

以上、ドイツ

また、「ブレッド・アンド・バター」というと食事の最低線のことで、日本人が食事のことを「ご飯」というのに似ている。「ブレッド・アンド・バター・レター」というと、泊めてもらったときのお礼状のことだ。また、「ブレッド・アンド・バター・ミス」というのは「食いけ一方のお嬢さん」という意味である。

数千年間、人類に親しまれ、人類の栄養をささえてきたパンは、これからも愛され続けると思う。
近ごろ、アメリカあたりを旅行してきた人の中には、「欧米には主食、副食というものはない。強《し》いていえば、肉が主食で、パンは副食だ」などという人があるが、けっしてそんなことはない。つい数十年前まで、パンはアメリカの主食だった。

あるアメリカの老人が、「私が子供のころには、サンドイッチはパンのほうが厚かったが、今ははさんだ肉のほうが厚くなっている」と述懐したということを聞いた。ある意味では、今日の欧米の食生活は、肉が多すぎるという意味で、人類としては異常な生活といえるのだ。

食生活の国際化、高級化の波に乗って、パンは米食民族のあいだにも、もっと普及することだろう。また、最近は、少し前の米食不可論の反動のように、米の栄養価を持ち上げる人も多いが、米がパンより劣っていないことは、パンが米より劣っていることを、必ずしも意味しない。日本人がこれだけ副食として蛋白質やビタミン類をとるようになった今日、熱量源としての米とパンは優劣つけがたいのだ。

ふっくらとしたパンには、米食にはない夢がある。もう十数年前に封切られたイタリア映画『パンと恋と夢』のイキなカットを紹介しておこう。

ある山村の警察署長が、道ばたにしゃがんでパンをかじっている貧しい老人に、

「なにかはさんであるのかい？」

と聞くと、老人は手に持っていた、もちろんなにもはさんでないパンを二つに割って見せて答える。

「夢がはさんであるんですよ、旦那」

署長を手玉にとる相手はジナ・ロロブリジーダ。恋はなくとも、お金はなくとも、あの老人にはパ

ンと夢があったのだ。

牛乳と文明

ハリスの要求

一八五六年（安政三）、アメリカの駐日総領事として日本にきたタウンゼント・ハリスは、玉泉寺に住み、のちに「唐人お吉」を妾とした、幕末の欧米の外交使節の中では親日的なアメリカ人として有名だが、たべもののちがいにはよほど困ったらしい。ことに、牛乳が飲めないのがこたえたらしく、来日して二ヵ月目には通訳（森山某）を通じて下田奉行へ牛乳を飲用に回してくれるように申入れている。

森山　このほど当所勤番の者へ、牛乳の儀、申立てられ候趣をもって、奉行へ申聞け候ところ、右牛乳は国民一切食用致さず、ことに牛は土民ども耕耘そのほか山野多き土地柄故、運送のため飼いおき候のみにて、別段蕃殖いたし候儀さらにこれなく、稀には子牛生れ候儀これあり候ても、乳汁はまったく子牛に与え、子牛をおもに生育いたし候こと故、牛乳を給し候儀一切相成りがたく候間、断りおよび候。

（日本人は牛乳を一切飲まず、牛は農耕や運搬に使うために飼うだけで、別にふやしたりしない。乳はま

ったく子牛に与えるものだから、牛乳を配給することは一切お断りします）

ハリス　御沙汰の趣、承知仕り候。さよう候わば、母牛を相求めたく、私手許にて乳汁を搾り候うように仕るべく候。

（よくわかりました。それでは母牛を買って、私のほうで乳をしぼるようにしましょう）

森山　只今申入れ候通り、牛は耕耘そのほか運送のため第一のもの故、土人ども大切にいたし、他人に譲り渡し候儀決して相成りがたく候。

（ただいま申しました通り、牛は農耕と運送だけのものだから、住民は大切にしており、他人に譲り渡すなどけっしていたしません）

牛は農民の財産といわれ、耕耘機や軽四輪が普及する、ほんの二十年ぐらい前までは、どんな貧農でも牛を一頭飼い、人間よりも大切にしていた。過去数百年、日本農業、ことに米作りは牛の力によるものだといっていい。そして、「稀には子牛生れ候」という場合には、貴重な財産の誕生とあって、寝ずの世話をし、乳はもっぱら子牛のもの、人間がピンハネするなどとは考えたこともない当時の日本だった。それを飲みたいから回してくれという。通訳「森山」の返答には、当惑よりもむしろおどろきがうかがえる。

が、牛がダメならと、ハリスは必死だ。

ハリス　山羊は当地これあり候や。

森山　当表（おもて）はもちろん、近国にも一切これなく候。
ハリス　左候わば、香港より取りよせ、このへんの野山に差置き候てはいかがこれあるべきや。
（それなら香港から山羊を取り寄せ、そこらの野山で放し飼いしたいが、いかがですか）
森山　野山へ放飼の儀は相成りがたく候。
ハリス　構内に差置き候儀は、いかに御座候や。
森山　豚同様のもの故、構内に差置き候儀ぐらいの儀は苦しかるまじく、放し飼いは相成りがたく候。
（山羊というのは豚のようなものだから、敷地内に飼っておくぐらいなら悪くないが、放し飼いはいけません）
（坂田精一訳『日本滞在記』より）

――ハリスはよほど牛乳（あるいは羊乳）を飲みたかったらしい。自分で乳をしぼるからというのだから、日本の役人もおどろいたことだろう。それだけではなく、ハリスはこの陳情の前後のことであろう、山羊に関する一種の見識を日記に記している。
「（日本の）火山性の高地が山羊の飼育に適していることを知って、山羊がこの地に移入されていないのは惜しいことだ。これらの高地は山羊のための立派な放牧地となるし、山羊の登攀性からみて、彼らのための居心地のよい場所となるであろう。山羊の乳は栄養に富む食料となるし、チーズもそれからつくられる。そしてこのことは、日本人が獣肉を食わないとしても、彼らにとってそれを飼う一つの目的となりうるであろう」

——ハリスは、幕府に世界の大勢を説いて日米修好通商条約を成立させ、公使に昇進し、滞日三年半で帰国したのだが、そのあいだ、どんな食生活を日本で送っていたかは、わからない。それから約八年、明治の世が明けて、福沢諭吉らによって牛乳の効能が喧伝されるようになるまで、いや、その後しばらくも、日本での牛乳は「牛の子」のためのものとされ、いっかな普及しなかった。

牛乳は単一の食品としては、世界でもっとも多量に消費されている。日本では近年まで、「角が生えるぞ」などと、まことしやかにいわれて普及しなかったが、世界的には牛乳を飲む習慣は広く、そして古い。

北欧の神話は天地創造の初め、牝牛を二番目に生まれた動物として描写する。初めに生まれた巨人イミルは、つぎに生まれた牝牛アウダムラの乳を飲んで成長し、人類が世界を征服する基をひらいたことになっている。古代ギリシア人は太陽とともに月を崇拝したが、牛はその角の形から月神の聖獣とされ、白い牛の出す乳を神に捧げた。古代ローマでも、赤ぶどう酒がつくられるようになるまでは、神への供物として牛乳を用いていたという。そして、供物を分泌する聖獣として牝牛が崇拝され、牝牛の肉は食べなかったという。

エジプトでは、今から六千年前の紀元前四〇〇〇年ごろから牛を食用や運搬に使っていた。四千年ぐらい前には牧人の王様というのもいたという。当時は牛乳を飲んだほか、洗顔にも使ったらしい。

クレオパトラが牛乳風呂に入って肌をみがいたという話も有名だ。今日も行なわれる牛乳美容法の歴史もずいぶん古いわけだ。五千五百年前の壁画には、牛の子と人間の子がいっしょに牛の乳房を吸っている場面もある。模写を見ると、親牛がびっくりしたような顔でふり向いて、自分の乳を横取りしている人間をにらんでいる。ヘブライ人は太古は遊牧民で、牛や羊の乳を飲んだり、加工したりしていたという。

インドの神話はいちばん話が大きい。創世記、まず七つの海がつくられたが、塩の海・砂糖の海・酒の海・水の海とならんで、乳の海・乳漿の海・バターの海ができた。七つの海のうち三つを乳および乳製品が満たしているのだ。しかも乳の海からは吉祥天女・甘露・如意聖牛（なんでも生み出すことのできる牛）など、いろいろ結構なものが生まれた。インドで大昔から牛乳や乳製品が好まれていたことは、この話から明らかだ。

今日、東南アジアの国々で宗教上、動物の肉を食べることを禁じているところでも、牛乳と鶏卵は生きものではないとして許している。卵のほうは明らかに一個の生きた細胞で、やがて一羽の鶏になる無限の命を秘めているのだから、動かないからといって動物あつかいしないのも妙なものだ。そこへいくと、牛乳はたしかに無生物だし、粗食の国々の唯一のすぐれた栄養源として役立ってきたのであろう。釈迦は六年間にわたる厳しい苦行の末に弱り切っていたとき、村の婦人がささげた牛乳のかゆを食べて体力を回復させたという。また、八十歳で没したのだが、死因は発酵牛乳の飲みすぎだという説がある。とにかく、太古、インドは東洋の牛乳国だったのだ。

薬として飲んだ日本

さて、インドに発した仏教を信仰する日本で、古代牛乳飲用の習慣がなかったのは奇妙なことである。いや、その習慣は中国へさえも伝わらなかった。中国では四千年も昔から牛を飼っていたことはたしかなのだが、牛乳飲用の記録はなく、あっても牛乳の薬効を記載するだけだという。このことは食物や食習慣の伝播の歴史のうえの一つの謎とされており、輸入のため輸送中牛乳をどこかの海に落としたのだろうという説もある。暑い土地のことだから、船上で腐敗してしまうせいかもしれない。ただ、一口に中国といっても、北アジアには牛乳を飲み、おそらくは羊の乳も飲む放牧、騎馬民族が接していたわけで、北からも牛乳飲用の風習が中国に伝わらなかったのも不思議だ。はっきりしていることは、古代、およそ世界中のひとが牛乳を飲んでいる時代に、中国と日本（と周辺の二、三の民族）だけはぽっかりと牛乳の真空地帯のように、〝無乳〟の文化をつづってきたらしいことだ。

日本神話の中では、初めのほうに牛は馬といっしょに登場するから、飼うことは飼っていた（おそらく農耕用として）が、牛乳を飲んでいたらしい挿話はない。ただ、『日本書紀』の神武天皇の紀には、天皇が大和の宇陀というところで首領の兄猾《えうかし》を亡したところ、弟猾《おとうかし》が、「大いに〝牛酒〟をごちそうして、天皇の軍勢をねぎらった」というくだりがある。この「牛酒」も問題になるところで、「牛肉と酒」の意ととるか、「牛乳酒」とするか、いずれにしてもわが国上代の食生活の推測がかなりちがってくる。当時（五世紀ごろまで）、日本では牛肉も牛乳も食用とされていなかったと考えられるからだ。牛乳酒というのは牛乳を発酵させてつくる酒で、現在もコーカサス地方にはケフィアという酒があるが、酸味のある羊乳の発泡酒もつくられている。馬乳酒というのもあるらしい。武田祐吉氏の校註では、「牛酒」は「肉と酒」のことで、漢文の熟語を使ったためだ、とある。

その後欽明天皇（五四〇～五七一）の時代に百済から牛を輸入したという記録があり、さらに孝徳天皇（六四五～六五四）の時代、百済からの帰化人の福常というひとが、初めて牛乳をしぼって天皇に献上したところ、孝徳天皇は大変喜んで、「和薬使主《やまとのくすりのおみ》」という姓と、「乳長上《ちのちょうじょう》」という職を授けられた。「くすりのおみ」というのでもわかるが、当時、牛乳はもっぱら貴重な薬ないし特殊な栄養剤と考えられていた。福常はさらに「大山上《だいせんじょう》」という位をいただき、子孫は代々この業を伝えて朝廷に仕えることになった。

こうして大化改新の嵐の中で、牛乳はいったん日本貴族の生活の中に根をおろしたかにみえた。奈良時代に入ると、記録などに「乳牛」とあり、奈良時代の初期には公に認められたと考えられている。また、このころには「蘇」や「醍醐」というものについての記事があり、バターか固乳のようなものといわれ、奈良時代、牛乳はかなり広く普及していたと考えられる。当時、牛乳を煮沸して飲む習慣だったという。牛乳が一種の薬と考えられていたことや、いきなり乳製品の一種がつくられたことと思い合わせると、このことは興味深い。

が、こうしていったんはひろまりかけた牛乳飲用の風習も、天武朝をはじめとする度重なる肉食禁止令の影響ですたれていった。そして代りに、日本人はせっせと魚を食べてきた。殺生はいけないといいながら魚を例外とするのも融通無礙すぎて妙なものなのだが。

もっとも、中世以後の牛乳飲用の中絶を仏教の影響だけで片づけるのには異説がある。もともと仏教は酪農教というべきもので、前述の釈迦のエピソードからもわかるように、仏教の教義は絶対に牛乳の飲用をさまたげていないという。仏教に深く帰依し、尊仏を施政方針の第一にかかげていた聖徳太子も、牛乳の常習者（？）だったということだ。当時は乳牛のよいものがなく、搾乳量も貧弱で、今日の最低の搾乳量の三分の一以下だったと計算されている。そして、牛そのものの数も少なかった。日本で牛乳がふるわなくなっていった原因の一つは、案外こんなところにあるのかもしれない。

牛乳は日本のカツオブシ

つぎに日本に牛乳がはいってきたのは、ずっと降って江戸時代の中ごろ、八代将軍吉宗のときである。こんどはオランダ人のすすめで白い牛が輸入された。水戸の烈公も愛用したといわれる。初めはやはり特殊な階層のものにかぎられていたが、明治維新直前の文久三年（一八六三）には、横浜に日本最初の搾乳業が開かれた。ハリスが牛乳を恋いこがれながら日本を去った翌年のことである。もう育児のために牛乳が用いられることも始まっていたらしく、「人間の子まで育てる牛の乳」という川柳も残っている。

明治三〜四年ごろには、東京で五〜六人のひとが搾乳業を始めた。そのころの飼牛は全部で十五頭、牛乳搾乳量は一日わずか一石二斗（二一六〇リットル）だったという。

その一つ、「牛馬会社」の宣伝文は次のようなものである。

「わが会社、……近来は専ら牛乳の用法を世に広めんとして、いろいろにこれを製し、乾酪（洋名チーズ）、乳油（洋名バタ）、懐中乳の粉（洋名ミルクパヲダル＝粉ミルク）、懐中薄乳の粉（洋名コンデンスドミルク）等あり、そもそも牛乳の効能は、牛肉よりも尚さらに大なり、熱病労症などそのほかすべて身体虚弱なるものには欠くべからざるの妙品、実に万病の一薬と称するものなり、ただに病にもちうるのみならず、西洋諸国にては平日の食料に牛乳を飲むはもちろん、乾酪（チーズ）、乳油（バタ）などもちうること、わが国の松魚節《かつを》に異ならず……」（原文のまま）

牛乳製品が鰹節にたとえられたのは、これが初めの終りで、どうもあまりピンとこないが、単によく食べられる点を強調したかったのであろう。このことは反面、化学調味料の発達で鰹節をあまり使わない現代とくらべて、当時の鰹節消費の様子がしのばれて興味深い。

食品にうま味をつけるために鰹節やだしじゃこがふんだんに使われていたころは、それらを通じて日本人は自然にカルシウムを摂取していたわけで、肉食の習慣と化学調味料の隆盛がもたらした変化の一つが、日本人のカルシウム不足だといっていいだろう。

現在の日本人のカルシウム摂取量の不足はしばしば指摘されるところで、今日、牛乳の栄養的価値はもっぱらカルシウムの不足を補うことにあるといえる。欧米人はカルシウムのほとんどを牛乳に依存しているといわれる。ことカルシウムに関するかぎり、百年前のあの牛乳と鰹節のたとえは、重大な意味をもっていることになる。

京都では明治五年ごろから府の牧畜場で牛乳をとり、配達も始めたが、その牛乳消費宣伝の回文には、

「それ牛乳の新たに搾れるものは、すべて元気不足の病、または労症、血虚の病、その他大病中または病後に用ひて元気を助け血液を補ひて、死すべき命も助かるほどの良効あり。血病の人ながくこれを用ふれば腎を増し、精を強くし、顔色を麗しくなし、皮膚を肥やし、五体を健やかにして、老ひても衰へざる無比長寿の仙薬なり……」

とある。

前の文章もそうだが、美容強精の妙薬、死ぬはずの命も助かる不老長寿の仙薬などと、牛乳が照れるほどの薬効がうたい上げられており、この辺に千数百年前の「和薬使主」以来、日本での牛乳の地位がもっぱらその薬効にあったことがうかがえる。

武士の牛乳商法

長い鎖国からめざめて、近代国家として進むことを国是とした明治の世では、すべて欧米にならうことに急だったが、牛乳は牛肉とならんで、政府や知識人が国民に売り込もうとする文明開化の目玉

商品の筆頭だった。福沢諭吉らも牛乳の栄養価値の啓蒙につとめたし、牛乳業は高級な商売の一つとされたらしく、山県有朋、松方正義、榎本武揚、松平太郎、副島種臣などが率先して出資したり、事業主となっている。

これらは政府の士族授産政策によった「武士の商法」の一つ、だったわけで、牛乳店もいかめしかったらしい。家は玄関構えで、袴をつけた玄関番がいて、注文にきたものはおずおずと、「遠方お気の毒ですが、どうか毎朝一合ずつお届けなすって下さい」と頼む、といった有様だったという。

配達夫は印ばんてんに股引のいでたちで、注文先へ回り、買うほうはどんぶり鉢などをさし出して、配達夫がひしゃくではかってよこす牛乳を受けた。牛乳の使い捨て容器が問題となっている今日からみると、百年前のこの配達システムも、衛生面を度外視すれば捨てがたい。「つかないマッチ」だの、「燃え上がるランプ」だのと失敗の多かった「武士の商法」の中で、牛乳業はうまくいったほうだったらしい。「牛乳を飲むと角が生えるぞ」とか、「牛乳屋の車がいるのを見ると、あの家には病人がいるんだなと思う」といった世相を押しのけて、牛乳はだんだん飲まれるようになっていった。今日も牛乳に用いられている一合入りの肉厚ガラスびんがあらわれたのは明治二十二年だという。中味より重い容器に入った少量の牛乳を毎朝とどけ、消費者はびんを洗って返すという、ちょっと世界中に類例のないシステムも、じつは明治の「一合ずつお届けなすって下さい」的風俗の名残りだ。

殺菌法も初めの低温殺菌法から高温短時間殺菌、さらに最近の超高温短時間殺菌（高温の蒸気によって一三〇度以上に約二秒間加熱する）と進歩し、ワックス・ペーパー入りでも密閉してあれば冷蔵庫で約一ヵ月はもつのだから、毎朝チビチビと重たいびんに入れることもないのだが。

日本における牛乳の消費が飛躍的な増加を示すのはやはり第二次大戦後だ。食生活の洋風化、学校給食の影響、それに栄養学者の啓蒙。牛乳は乳製品とともにものすごい勢いで日本の家庭のＤＫに浸透していった。働く婦人の増加が赤ちゃん用の粉乳や牛乳の消費を助長した。牛乳はなんといっても完全食品だ。蛋白質のバランスがよく、脂肪が乳化していて消化されやすく、ビタミンが豊富で、カルシウムが多く、しかも吸収されやすい形となっている。牛乳が日本に定着し、もはや「薬」としてではなく食品として愛されはじめたとき、しかし、私たちは心ゆくまで牛乳を飲むことができなくなっていた。いうまでもなく、農薬の含有と値段の不合理さである。

牛乳の値段については、生産価格が欧米と同じくらいか、あるいはむしろ安いのに、販売価格がどの国よりも高い点が問題となり、消費者団体での自主販売などが話題となっている。大手乳業会社の商業主義が非難されて久しいが、これとてむしろ日本の企業のどこにでもみられるめずらしくもない風景で、こと新しく書く気もしない。昭和四十五年ごろ牛乳がだぶつき、消費者価格が上がるという奇現象があった。企業と政治の癒着はここでも強いらしく、ある中央官庁の前に「牛乳を飲みましょう」という大垂れ幕が下がっていたのを見て、「お上《かみ》が牛乳の飲用をすすめるとは、まるで明治維新だナ」と言って友人と笑ったが、明治のひとたちのように素直には聞けない現実がたしかに牛乳にはあるようだ。

バターの話

バターと聖書

有名な垂訓がある。「人はパンのみにて生きるものにあらず」

有名なジョークがある。「バターを付けて食うほうがよい」

私たちからみれば、バター会社あたりの恰好のキャッチフレーズになりそうなこのジョークが、欧米でCMに使われてもいないのは、たぶんパンとバターとの関係が、私たちの想像以上に親密で、おかしくもないからだろう。

「パンはバターを運ぶ車。ご飯は塩を運ぶ車」ということばが、日本の栄養学者か調理家によってつくられ、かなりさかんに唱えられたことがある。食塩の害が喧伝されていたころのことで、バター付きトーストと、塩にぎりを並べて眺めていて、そんな気がしてきたのだろう。だから、米の飯はいけない、というわけなのだが、パンやバターには、もともと食塩が入っているのだから、ちょっと妙な教訓だ。

それはともかくとして、このことばは、パンにおけるバターの位置を、米飯における食塩（ないし塩を含むおかず）の地位にたとえたあたり、かなり真実をうがっている。日本の家庭における料理とは、いかにして米飯をおいしく食べるか、ということだった。それにはもちろん、塩気にかぎるのだが、その塩気をいかにして多少マイルドにするか、ということにすべての労苦が費やされてきたように思える。「おふくろの味」とは要するに、米飯をおいしく食うための食塩の変型にほかならない。米に塩が付きものであるように、パンにバターは付きものだ。米に塩が付きものであるのは、味覚の面からも、生理的な面からもうなずける。それにくらべると、パンとバターという澱粉と脂肪（つまりカロリー同士）との結びつきには、あまり生理的な必然性も感じられない。強いていえば、パサパサしたパンののどの通りを少し滑らかにするぐらいのところだ。ヨーロッパにおけるパンとバターの縁は、いつからできたのだろうか。

大正三年ごろアメリカ聖書協会発行の『旧約聖書』（英訳）にあらわれるバターは、次のような奇怪な表現を伴っていたという。

「バターの湧きて流るる河川」（ヨブ記）

「バター流れてわが足跡を洗い」（ヨブ記）

「乳をしぼればバターいで」（箴言）

さらに、多分これをもととした邦訳聖書をしらべてみると、それぞれ「牛酪」・「乳」・「乾酪」となっている。現代の感覚からいえば、牛酪はバター、乾酪はチーズ、ということになる。まあ、暑いところでは、バターが溶けて「流れる」ことはあるにしても、足跡を洗ったり牛の乳をしぼったら、バターやチーズが出てくる、というのは何としてもおかしい。

一九五五年の日本聖書協会版でしらべてみても、右の三項はそれぞれ次のようになっている。

「凝乳の流れる川々」

「わたしの足跡は乳で洗われ」

「乳をしぼれば凝乳が出る」

凝乳というのは牛乳にレンネットを加えてできるカードのこと（チーズの原料）だから、依然として奇跡もいいところだ。聖書学のほうでも、この点は問題とされ、聖書が訳されていく段階で、chameaという乳・クリーム・酸乳を意味したらしいヘブライ語が、最初（前三世紀）のギリシア語への「七十人訳」でboutyronという凝固した乳を意味したらしいことばに翻訳されたことに端を発するらしい、といわれている。らしいがいくつもつづいて、心もとないかぎりだが、乳はあとにも述べるように、古代から地方地方でいろいろに加工され、千変万化してきているので、多少の訳しちがいはやむをえなかったのだろう。

英語のbutterは、このboutyronに由来するといわれており、かくて英訳聖書では、みなバターと訳されて、バターが湧いて流れたり（the brooks of butter）、ヨブの足跡をバターが洗う（I washed my steps with butter）ことになってしまったものだ。こうなると、聖書の中のバターということばは、みな疑ってかからねばならぬことになる。古代にはバターやチーズは、こんにちのようにはっきりと分化していなかった、という学者もある。もっとも、一九七〇年刊アメリカのカトリック・ブック出版会社の『ニュー・アメリカン・バイブル』では、以上の butter はすべて milk となり、つじつまは合わせてある。

西欧文明と、それを金科玉条とするわが国とでは、牛乳はバターとチーズと乳漿（ホエー）と水の混合物と簡単に割り切っているし、それはそうにちがいないのだが、世界中にはバターのごときもの、チーズのごときもの、あるいはそれらの中間ぐらいの乳製品をつくり、民族の固有のたべものとして楽しんでいるところはたくさんある。

むしろヨーロッパ文明とその伝わりの方向とは無関係のところで、乳は多様に加工され、楽しまれてきた。「古代にはバターとチーズは分化していなかった」と書いたが、古代だけにはかぎらない。現在もそうなのであり、バターは完成された多くの乳製品の一つにすぎない。だから、バターの歴史といったところで、古代の文献の中にバターらしいものを探るという作業になってしまう。

乳加工の歴史

バターらしいものを含めて、乳加工がずいぶん古くから始まったことはたしかのようである。だいいち、哺乳類の乳というのは、哺乳類の赤ん坊のための完全食品だから、三大栄養素たる脂肪・蛋白質・炭水化物が消化吸収されやすい状態になって混じっている。乳離れすれば、これらの栄養素は穀物や肉類や野菜類から別々の形で供給摂取することになる。したがって、三大栄養素、ことに脂肪をうまく水中に乳濁液として分散させることのほうがよほど困難な仕事で、分離するほうが簡単だ。ひよわな赤ん坊の胃腸に対する神様の巧妙な手仕事が、乳化された乳脂肪、つまり乳なのだ。

しぼった乳は、一日か二日放置するだけでクリームとスキムミルクとにきれいに分離する。クリームを攪拌（チャーニング）すると乳の脂肪がより寄ってバターになる。乳自体よりはるかに濃厚でうまいクリームはかっこうの携帯用栄養食料だから、皮袋か何かに入れて、馬の背にぶらさげて旅をすることも多かっただろうし、そうしているあいだに、さらに脂肪の粒子がより合って分離することもあっただろう。つまり、チャーニングである。

これらの過程に日数がかかれば、醱酵をともなうから、出来上がったものには、いろいろな好ましいフレーバーが付く。現在でこそ乳加工業は一種の化学工業であり、このことはモンゴルやインドやヨーロッパの僻地においてもそうなのだが、考えてみれば、温帯の人類は乳を食料として手に入れたとたん、必然的にチーズやバターの間近にいたわけである。それのみか、牛・羊・山羊の放牧が生活のほとんどすべてであり、典型的「牛乳国民」とされるモンゴル人の大人は、けっして牛乳をそのまま飲まず、かならず加工して飲んでいるという。大きい目でみて、民族と牛乳との関係はむしろ乳加工が主であり、それによって特徴づけられるといってもいい。

バターらしいものに関する最古の文献は、インドの古い経典の中にあるといわれている。前二〇〇〇〜一五〇〇年のころの話で、製造法はよくわからない。紀元前八〜九世紀の文献には、当時の習慣として、結婚に際して花嫁は乳・蜂蜜・バターを使ったご馳走をつくり、また、バターを「花嫁の車」の心棒に塗るのが重要な儀礼だったとある。バターが車の潤滑油に使われていたわけだ。

バターとパンの結びつき

バターらしいものに関するもっとも古いヨーロッパの文献とされているのは、前五世紀のギリシアの歴史家で「歴史の父」といわれているヘロドトスの記述の中にある、黒海北部の乳加工の話だ。

「彼らは牝馬の乳を木桶に注ぎ入れ、盲目の奴隷をして激しく攪拌または振とうさせ、表面に浮かび上がった部分を分離させる。この部分は下にたまった部分より貴重であり、美味であるからである」

ここには現在のバター製法のうち、クリームの分離とチャーニングの混合した工程がみてとれる。この時代には、バターは塗り薬としても用いられていた。ギリシア人もローマ人もバターをあまり知らず、あまり使っていなかったらしいが、たぶん小アジア地方から、その製法を学んでからは、浴場でのオイントメント（塗り薬）として用いていた。このころには butyrum という butter に近いことばもつくられていた。ローマの博物学者プリニウスは、バターに蜂蜜を混ぜて歯痛の薬（歯ぐきにすり付けて用いる）とすることを奨めている。ローマ人はまた、子供の体を柔軟にするために体に塗ったし、古代バーガンデー（今のフランス、ブルゴーニュ）人は髪に塗ったという。とにかく、ギリシアでもローマでも、バターを食用にすることはけっしてなかったことはたしかだともいわれる。よい動物脂もあり、また植物油をしぼる方法も進んでいたであろうから、特に食用脂としてバターを必要とはしなかったのだと思われる。

現在も油脂を使うことを一大特徴とするヨーロッパ料理文化圏の中で、イタリア料理には、バターをあまり使わず、オリーブ油を使うことが特徴となっている。バターをよく使うのはフランス人で、ドイツ人はラード、イギリス人はタレ油民族といわれる。バターの使用には気温も大きく関係する。バターはあまり暑いところでは日持ちしないし、日持ちしないものに加工食品としてのメリットがないのは今も昔も同じことだ。

それに、気温の高いところでは、乳脂は溶ける。ここまでの話の中で、バターを白い固体としてのみ考えるのは、たぶん誤りだろう。ギリシア人やローマ人にとって、バターは切ったり塗ったりするかたまりではなくて、液体の、つぼか何かに蓄えられ、注いで用いる「油」の一種だったのだろう。だからこそ、「バターの湧きて流るる河川」などという表現も出てきたのだろう。

ポルトガル人は紀元前六〇〇年ごろからバターを食べ始め、ガリア人は紀元二〇〇年ごろから主に食用に供したという。この辺が文献上バター食用の始祖らしいが、ローマ人はながくバターを野蛮人の食物として食べなかった。フランスでは六世紀ごろになって、バターが初めて上流階級で食べられるようになった。盛んにつくられるようになったのは、ベルギーでは十二世紀、ノルウェーでは十三世紀になってからといわれる。

パンのほうは数千年前からつくられ、食べられていたが、バターの普及は意外に新しい。チャーン（チャーニング用の桶）をつくって混ぜたり、こねたりする家庭内の手仕事だったバターつくりに機械が導入され、また企業化されたのは、他の機械文明に追随しつつ、十九世紀も末になってからのことだ。ヨーロッパ人は何千年もの間、パンをバターなしで食べてきたわけで、「バター付けて食うほうがよい」となったのは、たぶんわずか数百年の歴史だ。

世界各地のバター

以上が西洋式バターの小史であるが、乳加工は地方色を伴いながら、各地で独立に、あるいは影響を及ぼし合いながら多様に発達している。中尾佐助氏は近著『料理の起源』のなかで、乳加工を系列群としてとらえ、酸乳系列群・加熱濃縮系列群・グリーム分離系列群・凝固剤使用系列群の四つに区分して解説している。乳加工品を単品だけ取り出してあげつらうことにはあまり意味はないが、バターの歴史を語るとき忘れてはならないのは、こうした各地の乳加工品群だ。これらに触れないですぎるのは、酒の歴史を語るに当たって、ヨーロッパのぶどう酒かビールだけについて述べて済ますのにひとしい。それで、右の著書から、世界の三大乳加工地域とされるインド・モンゴル・ヨーロッパのバター、バター油らしいものを拾い上げてみよう。

酸乳系列群というのは、まず乳を醗酵させて酸っぱくする系列だが、インドのギー（バターオイル）

がこの中に入る。ギーはすべての料理に使用されている。ギーは煮沸した生乳を醱酵させたダヒという一種のヨーグルトからチャーニングによってつくる。また、インドには生乳そのままかあるいは少し酸乳化したものからつくるものもあるという。このインド式のバターは、チベット・アフガニスタンの遊牧民、エジプト・北アフリカなどでつくられている。また、ホッテントット民族は醱酵乳をひょうたんの中に入れて、約三時間ころがして〝チャーニング〟してバターミルクやバターをつくる。

代表的乳文化民族の一つであるモンゴル族は、二つのやり方でバターをつくる。一つはクリーム分離式で、ヨーロッパ式のバターづくりと似ている。できるバター、バターオイル、バターミルクはそれぞれチャガン・トス、シャル・トス、シングと呼ばれている。この方法で初めにできるクリームは、ジョッへと呼ばれていることから、梅棹忠夫氏によって「ジョッへ系列」と名づけられている。

もう一つのモンゴル人の方法は、加熱濃縮系列群に入る。これは生乳をゆっくり濃縮し、一晩おくと、鍋の中に厚い膜と、それにつながって、固化したバターオイルの層が浮かび上がっているから、これを取り出して二つ折りにする。乾いた半月形をしており、内側にバターの厚い層がある。たいへんおいしいもので、ウルムと呼ばれている。この系列はウルム系列とよばれている。また、この製造過程で脂分を取り出して桶に入れて貯蔵すると、白いペースト状のウルムができる。醱酵したと考えられるものを加熱して油分を集めると、前記のシャル・トス（バターオイル）と同じものができる。

ヨーロッパのバターづくりはクリーム分離式の一種で、こんにち一般化している方法だから、ここでは詳述しない。

さて、中国では三〜六世紀にかけて、醍醐・酥・酪・乳腐という四種の乳加工品があったが、その後、乳を飲む習慣はなくなり、消えていった。すべての面で中国文化の取込みに熱心だった日本へは、このころ乳と酪が移入された。中国のこの四つの乳加工品のうち、酪がバターに近いものとされている。この牛酪上に浮かんだおいしい部分が醍醐といわれ、「○○の醍醐味」などというのは、これからきている。肉食の禁止と中国での乳飲用の消滅とに追随して日本のバターもすたれていったが、平安時代になって醍醐・後醍醐の両天皇があることを思うと、醍醐のうまさは長く記憶されていたのだろう。ただし、醍醐は、実はチーズに近いものだという説もあって、まだはっきりわかっていない。

牛かまぼこ

その後、数百年を経て、十四〜五世紀になり、ポルトガル・スペイン・オランダ人など「南蛮人」によって、バターは西洋からもたらされた。形がかまぼこに似ているというので、「牛かまぼこ」とよばれ、牛酪と書くようになった。元禄年間、閣老牧野備後守は、病気中の姪にといって、オランダ医ケンペルからバター半斤を贈られた。日本でバターに似たものがつくられるようになったのは割合に古く、江戸中期のことで、房州の現千葉県種畜場（嶺岡牧場）でインドの白牛の乳から牛酪をつくった。

明治維新後、バターは他の乳製品や肉食と並んで、維新政府が大衆に推奨する食の面での大眼目の一つとなった。福沢諭吉は『肉食の説』の中で、牛乳をもち上げ（チフスにかかって牛乳を飲んで直ったあとだったということだ）、バターについて次のように紹介している。

「乳油、洋名バタ。牛乳の中に含む油の分を集め塩に和して製したるものなり。蒸餅または芋の蒸したるものへ付け平日の食事に用う。また、魚類肉類を調理するとき塩梅に用う。消化を助くる妙品なり……」

「蒸餅または芋の蒸したるもの」というのも妙な気がするが、当時パンはまだ一般化していなかったからだろう。のちに普及したのもアンパン、その他の菓子パン類としてで、バターの相手となるようなパンはなかなか普及しなかった。だから、案外蒸餅とか蒸しイモに付けるというのも、病後静養中の諭吉の実際の経験に基づくものかもしれない。明治二十年には長野県の牧場で優秀なバターがつくられたという記録がある。

北海道でのバター製造はもっとはやく、開拓使十ヵ年計画により真駒内牧牛場で明治五年ごろからバターの試作が始められた。十八年にはクリームの分離が機械化され、三十三年からはトラピスト修道院でバター製造を始めた。大正十四年五月には、バターやチーズの加工販売のための北海道製酪販売組合が創立された（雪印乳業の前身）。

小じんまりした有畜農業で、日本列島が塗りつぶされていた当時、北海道の雄大な自然とそこに点綴する放牧場とは、日本の男にとって、どこかロマンチックな夢をもたらすものだったし、今もそうだ。沈痛で悲劇的な歌の多い石川啄木も、めずらしく明朗に歌い上げる。

石狩の空知郡《ごうり》の牧場の　お嫁さんより送り来しバタかな

そして、戦後、アメリカに追いつけ追い越せ、の洋風化の波の中で、バターは主導的役割を演じてきた。「バタ臭い」ということばは、もう嫌悪の表現ではなくなって久しい。かくして千数百年、「無乳民族」として菜食や魚食や大豆に頼ってきた日本人は、いま少なくとも表面上はすっかり乳加工民族の仲間入りをはたした感じだ。

バターが一般化しつくした欧米では、バターに似たものが「○○バター」と呼ばれるようになった。ピーナッツ・バター、アーモンド・バター、カカオ・バター、アップル・バターなど、いろいろなものができた。いずれも舌ざわりや外観のバターとの類似から名づけられたものだ。このうち、前三者は脂肪分も多く、まあバター的な存在だが、アップル・バターというのは、リンゴのパルプをリンゴ酢とともに煮つめたもので、成分上・味覚上、バターとはなんのつながりもない。

マーガリンの歴史

マーガリンは数百年前の一八七三年、普仏戦争のときフランスではバターが欠乏し、ナポレオン三世がバターの代用になるものの懸賞募集をしたことに端を発した。これに応じてメージュ・ムリエという化学者が、牛脂中の軟質部を用いて、牛乳と共に乳化してバター様のものをつくって賞を得た。これより前の一八一九年、シュヴルーイは、動物脂肪の構成脂肪酸の一つにマーガリン酸（margaric acid）と名付けた。「真珠のように光り輝く」という意味で、ギリシア語で真珠を意味するマーガライト（margarite）からとったものだという。そして、このマーガリン酸のグリセライドと目される脂肪をマーガリンと呼んだ。その後、シュヴルーイの「マーガリン酸」は、実は二種のほかの脂肪酸（パルミチン酸とステアリン酸）の混合物にすぎないことがわかった。

ムリエの発明は、その五十年ほど後のことで、彼はこの誤った、今は不要となった化学名をそのまま採用して、自分の製品に名づけたわけだ。おそらくムリエの頭の中にも、自分の発明品と真珠の輝きとの連想があったのであろう。その後マーガリンは、オランダ・イギリス・デンマークなどで盛んに用いられ、アメリカで流行していった。初めは、バターの風味の秘密は牛の乳房にあると考え、牛の乳腺をかゆ状にして混ぜる、というような工夫もされたという。

その後、香料の研究も進み、硬化油の発明で植物油からでもつくれるようになって、牛脂さえ不要となり、脳卒中や心臓病などの原因であるコレステロールの沈着と動物脂肪との関係が問題となってきたこんにち、マーガリンは単にバターの代用品としてではなく、バターと確実に対抗できる食品としての地位を築いてきた。

わが国のマーガリンも、似た経過をたどった。初めて製造されたのは、明治も末になってからで（明治四十二年）、大企業が着手したのは旭電化で昭和四年のことだという。当時は「人造バター」とよばれていたが、バターとの名称のまぎらわしいことから、バター業者とマーガリン業者との対立が激しくなり、昭和九年には「バターと人造バターとの表示に関する件」という商工農林省令が公布されて、人造と冠することで落着した。

戦前までの人造バターは、あまりよくなかったが、戦後は植物性硬化油の採用、脱臭技術の進歩、ビタミン強化などによって、味も風味もバターにひけをとらないものができるようになったので、昭和二十九年、マーガリン業界はみずから「人造バター」の名を返上し、「マーガリン」を統一名称にすることになった。こうして日本でも、マーガリンは「バターの模造品」から独立したわけである。

マーガリンの名称問題は、表示に関する争いとして古いものであると同時に、「バター」の名に執着した昭和初期から、その名の自主的な放棄まで、品質の進歩が業界に自信をもたせ、それが成功したよい例の一つといえるようである。

醤油文化

日本の味

日本料理の敗北の原因は醤油だ、という言説がある。

ここ百年ほどの国際競争によって、西洋料理・中国料理などに対して、日本料理は決定的に敗北してしまった、といわれる。この事情は、アメリカ一国の中においても――アメリカは人種のルツボであると同時に、世界の民族の料理の試食場だ――中国料理店は、「おや、こんなところにまで」と思うほどの田舎にまで散在し、それらが〝白人〟客によって満たされているのに反して、日本料理店は西部とニューヨークを除けば寥々たるもので、しかも、つい最近までそれらのテーブルを占めているのは、ほとんどが望郷の想いに目をうるませた日本人自身か、日本人に連れられてやってきて、出される料理ごとに奇声を上げたり、おそるおそる箸を使ったりしている〝アメリカ人〟だけだった。同じ東洋料理でありながら、中国料理がアメリカで「クイジーン（おいしい料理）」としてでんと席をえているのに反し、日本料理はただエキゾチックな、あるいはいかもの的な料理とみなされているにすぎない。いや、ことはアメリカをもち出すまでもない。日本自体においてすら、中年以下のひとたちが、ことある毎におもむくのは西洋レストランであり、中国料理店であって、日本料理は食通か、よほどの金持のものになりはてる形勢にある。

だいたい味覚の発達は、一つの民族の文化のらん熟と、それにつづく精神文化の退廃をまって、はじめて完成するものだと思うのだが、少なくとも百数十年前まではフランスや中国とならんで、日本も孤立したままで江戸文化という、元禄と文化文政を含む精神的退廃の中で独特の料理を発達させてきた。しかるに、開国後百年の日本料理の、日本内部においてすらみられるこの孤高を、「敗北」として捉え、その元凶を日本醬油の存在に帰するのが、冒頭の論難なのだ。

なぜか。理由は簡単だ。日本醬油があまりにもうまいからだ。だから、日本人は素材の風味や味を楽しむためにいちいち苦労することを怠り、すべてを醬油で味付けすることによって満足してきたからだ。そして、この逆説の中には、日本醬油の優秀性と、日本料理の中における醬油の地位とが、あますところなく語られている。この論難は、やがて次のようにエスカレートする。「醬油の味さえ認められれば、日本料理は世界の料理市場に君臨することができるだろう」と。たしかに煮るにも、焼くにも、揚げものにも、日本料理は醬油をはなれては考えられない。また、料理用と食卓用の両方に使われる調味料として、醬油の地位は世界のソース類の中でも独特のものだ。醬油は「日本の味」の基調であり、おふくろの味の最大公約数ともなっている。

ところで、日本醬油の最近の海外進出はめざましい。知合いのカトリックの神父さんは、日本家屋のたたみの上にベッドを置いて暮らして八年間、やっと醬油の味に馴れて、こんど休暇でセントルイスに帰ってみたら、妹のところの甥っ子がローストビーフになにか滴らしては食べているので、聞いたら、ジャパンのソイソースだと答えた、といって驚いていた。そういえば、十年ほど前にボストン近くで暮らしていたころには、スーパーにあるのはタバスコソースぐらいの小びんに入った中国醬油ぐらいのものだったが、最近行ったときは、フロリダのスーパーに大きな罐入りの日本醬油が並んでいた。昭和四十二年十二月に、キッコーマン醬油はアメリカのソース会社と提携して、カリフォルニアで醬油の製造を開始した。翌四十三年一月の「朝日新聞」は早くも、「米国で醬油ブーム」と見出しを置いて、アメリカに定着しつつある日本醬油について伝えている。西部やニューヨークでは、一八〇cc入りの日本醬油のびんを並べていないところを捜すほうがむずかしい、といっている。神父や私の経験は九牛の一毛だったわけである。

もっとも、日本醬油が海外でもてはやされるのは、いまにはじまったことではない。鎖国の江戸時代にも醬油の輸出だけは許可されていたということだが、約三百年前、オランダ人は、この日本醬油の輸出を独占し、びんやつぼにつめて、はるばるとインド洋と大西洋を渡ってヨーロッパに運んでいた。フランスのルイ十四世（在位一六四三〜一七一五）のころ、日本醬油は宮廷料理の味付けに使われ、その味の秘訣とされていたということだ。日本醬油はたいへん値段も高く、貴重なものとされていた。

アメリカにマギーという固型スープなどをつくっている会社があるが、これは野田醬油（キッコープの中には、日本の淡口醬油そっくりの味のあることは、知る人ぞ知るところだ。

マンの前身）の茂木《もぎ》一族の名がなまったものではないかといわれる。そういえば、マギーの固型スー

穀醬の誕生

『万葉集』に蟹と塩を搗《つ》き混ぜる歌や、鹿の胃袋《みげ》を塩に漬けて調味料とする歌があり、当時から一種の肉醬や魚醬を作ることが行なわれていたと考えられている（現在のいかなご醬油やしょっつるがその名残りだ）が、小麦、米、豆などの穀類を、塩とともに醱酵させてつくる豆醬とか穀醬の類は、やはり唐や朝鮮から導入された技術だった。醬は「ひしお」と読み、中国からのは唐醬《からびしお》、朝鮮からのは高麗醬《こまびしお》と呼ばれていた。奈良時代には、日本在来の方法に、これら大陸の技術も導入されて、末（未）醬・荒醬・真作醬・唐醬・滓醬・豉・大麦醬・小麦醬・大豆醬など、いろいろな種類のものができていた。ただ、醬といっても、味噌のようなものなどいろいろあったようで、こんにちの醬油に似たものは「醬豉汁」といわれるものだけだったらしい。

もともとある程度の発達をみていた肉醬・魚醬の類がすたれ、製造技術上はかえってむずかしいと考えられる穀醬が、とって代ったのは、仏教伝来によって天武天皇あたりからはじまったわが国独特の殺生禁断の風潮に押され、調味料の世界でも植物が愛されていったからであろう。

はっきり液状らしい「醬」があらわれるのは平安時代だが、味噌とも醬油ともつかない「醬」の状態が長くつづいた。三日にあげず宴会をもよおしていた平安貴族たちのメニューをみると、主たる料

理は十数種の皿の魚やあわびや雉などの、畜肉こそないものの徹底した肉食だが、手許には塩や酢と並んで「醤」がひかえている。平安京には東西に市が設けられていたが、この東市には「醤」店、西市には「末醤」店があった。この醤が醤油、未醤が味噌のそれぞれ原型と考えられているが、どちらも要するに穀物の醱酵製品で、まだはっきりと分離していたわけでもなかったらしい。むしろ、醤は唐風、末醤は韓風の製品だったとも伝えられている。

この時代にはまた、鮒《ふな》や鮎《あゆ》の醤漬けというのもあった。こんにち、日本は世界一の漬物国で、塩漬け以外にも、味噌漬け・粕漬けなど、いろいろな調味液が工夫されている。世界のほとんどの民族が塩漬けのみに頼って食品の保存を行なっていたときに、新しい調味料をえて、ただちにそれによる漬物を考えていたあたり、日本人は天性の漬物民族ということができる。

また平安時代も終り近く、光孝天皇のころには、醤は月料として支給されている。『延喜式』によると、「参議以上は醤三合、滓醤一合九勺、親王以下は醤二合、塩四合、豉《くき》一勺」などと、細かく決められている。ともかく醤は、このころすでに、生活必需品としての地位をえていたことがうかがわれる（滓醤は「もろみ」のようなもの、豉は味噌や納豆の前身と推測されている）。

武士が天下をとった鎌倉時代になると、食生活は質素になったが、調味料はあまり変わらなかった。むしろ味噌に近いものは、なめものとして、さらに重要なものになった。五代執権時頼が酒の肴に味噌をなめた、などという話が、質素倹約の美談として伝わっている。教訓は教訓として、このころすでに味噌はたいへんおいしいものになっていたのだろう。

　月給取り月給前は味噌で食い

という戦前の川柳を思い出す。今日、鯛味噌や蟹《かに》味噌などなめ味噌は多く、それぞれ賞味されているが、その素地は早くも、このころにあったわけだ。

味噌からの派生

建長年間（一二四九～五六）覚心という信州の僧が宋に渡り、径山寺《きんざんじ》という寺でなめ味噌の製法を習って帰り、紀州でこのつくり方を教えた。これが径山寺（金山寺）味噌の起こりと伝えられているが、その後、味噌の製造過程で、桶の底に溜っている液が煮物の味付けによいことが見出され、これが溜醤油の原型となった。

室町時代になり、有名な『四条流包丁書』には、「魚を垂味噌で煮た」というくだりはあるが、醤油という名は出てこない。このほか『庖丁聞書』という料理書にも垂れ味噌が登場する。また「うすたれ（薄垂れ）」というのもある。垂れ味噌は「みそ一升と水三升五合を煮て三升とし、袋に入れてしぼった汁」、薄垂れは「みそ一升に水三升を加えてもみ立て袋に入れて垂れる汁を集めたもの」といわれる。このように、醤・味噌・溜り・垂れ味噌・薄垂れなどが、醤油の神話時代を構成していたわけである。

醤油は要するに、「醤の油（液汁）」の意で、これらの味噌の派生調味料をさすわけだが、この字がはじめて使われるのは十六世紀の終りで、わりに新しい。この時代の醬油がどんなものだったか、いまとなっては知るよしもないが、とにかく語源からも、起源からも、醬油が日本でつくられた生粋の日本人の発明であることにちがいはない。中国や朝鮮から学んだ醬は、醬油となってはじめて外国の手法から独立し、日本人のものとなったのである。

覚心が鎌倉時代に紀州由良で径山寺味噌の製法を伝えたことは前に書いたが、味噌から派生した醬油も自然、この地でまず発達した。由良の隣りの湯浅では覚心が味噌を伝えてから約三十年後には溜りをつくって売り出していたといわれる。また、それから約三百年後の天正十四年、湯浅の赤桐右馬太郎は百石を製造して大阪で売ろうとしたが、大阪の人はまだ醬油を使っていなかったので、売れなかったというから、この辺が醬油の誕生時代と目していいだろう。永禄年間（一五五八〜六九）に野田で、天正二年に市川で、十四年に湯浅で、十五年に播州竜野で、というように醬油は各地でつくられていった。

江戸時代、江戸は急激に膨脹しても、それまでの文化の中心であった上方文化の影響を受けた。そんな中で、上方の醬油は酒と並んで、上方文化の代表のような形で江戸へ浸み込んでいった。当時は、銚子や野田の醬油はだいぶおくれていたからでもあろう。上方からの「下り醬油」は「極上醬油」と呼ばれていた。のち幕末になって、幕府がインフレ対策として諸物価の値下げを命じたとき、野田と銚子の醬油業界だけは、「醬油は品質を下げることも、量目をごまかすこともできない商品だから、値下げしたら経営が立ってゆかなくなる」と言って、例外として認めてくれるよう願い出た。幕府ではこれを聞き入れ、品質優良の七つの関東銘柄だけを特に「最上醬油」と称して値段の据置きを許した。「極上醬油」「最上醬油」の名は、こんにちもレッテルに記されている。このとき恩典に浴した関東の醬油は、野田のキッコーマン・木白・上十、銚子のヤマサ・ヒゲタ・山十・ヂガミサである。

醬油業界が、こういう強い態度がとれたのも、もちろん品質に自信があったからでもあろうが、一つには当時、将軍家から庶民にいたるまで、醬油なしの生活が考えられないほど、もう醬油は上下のへだてなく生活の必需品になっていたからでもあろう。日本人の生活に必須のもう一つの食品である米は政府や大名によって左右されていたが、醬油は厳然として民間の手にあったわけだ。江戸時代初期、醬油はひどく高価なものだった。ことに上方の醬油は米の三倍から四倍（それぞれ一升に付き）もし、また酒よりも高かった。江戸末期近く、飢饉のために米の値段が暴騰するまで、醬油は米より高価な、たいへん貴重な調味料だったわけである。

食欲的ホームシックの薬

醬油はほとんどすべての日本料理に用いられている。すきやき・かば焼き・照り焼きからさしみ・湯豆腐にいたるまで、日本料理は醬油を友として発達してきた。日本料理の一つの代表であるさしみも、魚を切ってなまや酢漬けにして食べる料理（鱠《なます》）は、奈良平安時代から人口に膾炙していたのだが、味付けはタデ酢やショウガ酢などで食べていた。江戸時代によい醬油ができるようになって、はじめて国民的料理として、ワサビ醬油を友として普及したといわれている。醬油がいかに私たち日本人の生活に浸み込んでしまっているかは、海外の醬油のないところにしばらく暮らしてみるとよくわかる。そして、食欲的ホームシックにかかったとき、材料がなんであれ、とにかく醬油で煮るか、醬油を付けて食べれば望郷の想いがいやされることも。

古くは慶応元年にフランスに渡った砲術指南役木村宗元は言っている。

「魚は、生鮭、イワシ、鯛、ザコの類多くこれあり候えども、醬油一切これなく、すべての煮焼きに塩のしたじに味をつけ候こと故、まことに困り入り候」

幕末の旅行案内には、次のようなことが出ている。

「日本にて平生肉食に馴れざる人は、船に乗るとき、漬物、醬油、その外の食物を少しばかり用意すべし。外国風の食物のみにて、はじめ二、三十日の間は困るものなり」

この種の忠告は、エコノミックアニマルや観光アニマルたる現在の海外渡航者にとっても、金科玉条となっていることを思えば、日本人の醬油嗜好がいかに根強いものかわかる。湯川秀樹博士一家はアメリカの避暑地で醬油が切れて、食事どきに家族ひとりにスプーン一杯ずつ配給する羽目になり、しまいにはそれもなくなって、小皿に残った醬油をかわるがわるなめた、という。

四十数年前のフランスでの獅子文六氏は、こんなふうだった。

「なにしろ値段が高いので、すきやきをするにも、鍋の中へしょうゆを入れず、つけしょうゆにして食うことを考えついた。……この方が味もよく、しょうゆのウマさもわかった」

そして、一度日本人によって醬油の味を知らされた外国人も、いっぺんに醬油を好きになってしまう。この獅子文六式すきやきも、フランス人に好まれたというし、フランスである日本人がやとい入れた女中が醬油の盗み飲みをして困ったという。

中谷宇吉郎博士はロンドン留学中、下宿の奥さんに、「日本でいちばんのごちそうはウナギでしょう」と言ったところ、その奥さんは妙な顔をして、イギリスのウナギ料理を食べさせてくれたが、これがウナギをぶつ切りにして塩味で煮ただけのイール・スープだった。のちに日本料理店へ彼女を連れていってかば焼きを食べさせたところ、非常におどろいて、「なるほど日本でウナギを珍重する理由がよくわかりました。しかし、これはヨーロッパではできないはずです。醬油がないと、この料理はできません」と言った、という。そのかば焼きも醬油の進出がいちじるしい今日、ヨーロッパでもできるようになったことだろう。

醬油海を渡る

ウースターソースをはじめ、ちかごろ売り出されているトンカツソース、バーベキューソースなども、その起源がどうであれ、醬油の味が基調になっている。日本ではソースといえばウースターソースで、この味と香りは、日本人にとっては「西洋」のものとなってはいるが、西洋にはない風味で、これもまた、海外にいる日本人の食欲のホームシックの最大のものの一つになっている。そして、醬油を基調とするその風味は、西洋人にとってもうまいものだった。安永四年（一七七五）長崎にきたスウェーデンの植物学者ツンベルグは、「オランダ人は醬油に暑気の影響を受けしめず、またその酸酵を防ぐたしかな方法を発見した。……かくの如くすれば醬油は、よくその力を保ち、あらゆるソースに混ぜることができる」と言ったという。

ルイ王朝の宮廷でも、醬油はこうして〝あらゆるソース〟に混ぜられて賞味されていたのであろう。醬油のすぐれた味を知り、それをもとにソースをつくるのは、日本人の発明でも発見でもなかったのだ。いや、ヨーロッパでの商品としてのウースターソースさえ元来、東洋の醬油がもとだという説もあるくらいだ。

日本でもウースターソースの製造は明治になってからだが、醬油会社が積極的に取り組み、「新味醬油」とか、「洋醬」とか、「西洋醬油」などと銘打って売り出された。第一次大戦後から、コロッケ・トンカツ・ライスカレー程度の、簡単な洋風料理が好まれるようになったころ、これらの「洋食」の味付けのために、ウースターソースが普及しはじめたものだ。日本のウースターソースも、味といい香りといい、色といい結構なもので、本場のウースターソースとくらべると、トンビがタカを生んだようなものだ。第二次大戦中と戦後にかけては、低品位の醬油に酢を混ぜただけのようなものが売られ、ソースじゃなくてショース（醬酢）だ、などといわれた。

その醬油も、戦後の昭和二十二年ごろには、原料が不足し、代用醬油や粉末醬油が工夫されたりして、国民はうまい醬油にこがれていた。当時、原料の大豆の配給を割当てていた占領軍では、天然醸造醬油は収率が低いので、酸分解のアミノ酸でつくらせようとしたことがあった。女性の係官は、「嗜好など簡単に変わりうるものだ」と主張していたという。このとき日本醬油は、醬油の誕生後はじめてピンチに立った。

今日、醬油は肉料理をはじめ、あらゆる料理に合う万能調味料として欧米人に好まれ、日本料理をしたがえて海を渡ってゆく。二十五年前には、だれにも想像できないことだった。日本料理はたしかに敗北したかもしれないが、醬油は世界のどこの調味料にも明らかに勝ったのである。

おせち料理

外国で食べたおせちの味

ニューヨークの日本会館では毎年元旦に総領事の新年レセプションがあり、在ニューヨーク邦人はすべてが出席してもいいことになっている。一九六一年の元旦、ちょうどニューヨークに居合わせたので、勇んで出席した。立食で、ロビーには直径四〇センチはあるおかがみに昆布、干柿、海老、ウラジロが飾られ、いくつも配置されたテーブルの上には、大阪のある有名な料理屋の仕出しだというお正月料理が所狭しと並んでいた。大皿には山盛りの数の子。

二年間、アメリカで一人暮らしをして、それこそ盆も正月もパンやコーヒーで過ごしていたあとだったので、それらのお正月料理は見ただけで胸が迫って、涙が出てくるようだった。おせち料理が日本そのもののように思えたものだ。隣合わせた一世の老人と話をしたのだが、五つのとき、両親に連れられてカリフォルニアに来て、大戦後ニューヨークにできた日本料理店で働いているが、家族もなく、ほかに日本人社会とのつき合いもない、一年中でこのレセプションだけが楽しみで、毎年来ているが、親しい顔もだんだん減っていく、などとボソボソと、それでも楽しそうに話した。おせち料理というものが最大限に役割を果たしているのを見た気がしたものだ。

しかし、かんじんの日本では、おせちへの感激はなくなってしまったようだ。もともとごちそうだったはずのお正月料理が、平素の食生活が向上したために、かえって質素なものに感じられるようになってしまったからだ。

劇作家で小説家の獅子文六さんは、亡くなる少し前に『食味歳時記』という楽しいたべものの本を書いている。古きよき時代に横浜で育ち、フランスに長い間留学し、食の経験も長く古く、機知に富んだ、楽しい本である。ところがその中で、おせち料理だけはくそみそにやっつけられている。

「重箱に詰まっているものには、まったく手が出ない」

「三献肴《さんこんざかな》、口取り、うま煮の類は、一見しただけで、食欲を失う。それを三日間出されるのだから、新年を呪《のろ》う気分にもなる」

「四日の朝に、平常食に帰ると、ホッとした感じになる。やっと厄除《のが》れをした気持になる」

「いつの頃からか、私の家では、三ケ日の午食だけは、パン食にすることにした。酒はブドー酒を飲み、コールド・ミートの類を食べ、そして食後にコーヒーということにする」

「正月料理は元日一日だけのものにしたら、どんなものか」

「何も三日続けて、まずいものを食う義理はない」

というふうに、おせち料理はさんざんだ。

明治生まれの人のことばにしてはちょっと意外な気もするが、今の日本人の気持を代弁しているといっていいだろう。

最近は大みそかになるとパンがよく売れるという。たしかにターミナル近くのちょっと名の通ったパン屋の前には必ず長い行列ができている。皮のかたい、いわゆるリーンなパンの中には、焼いてから八時間以内に食べることを原則とするパンもあるのだが、そんなことはいっていられないらしく、みんなたくさん買い込んで抱えて帰っていく。獅子文六式の三が日は、どうやら珍しいものではなくなってしまったらしい。

冬休み中いなかに帰っていた子供が、休みが終わって大阪に帰るなり、「サンドイッチが食べたい」といい出し、あり合わせのものをパンにはさんで与えたら、「こんなうまいもん、知らんわ」といってがつがつ食べた、という話が、新聞の主婦の随筆欄にのっていた。いなかのおせち料理に閉口した子供の様子が目に見えるようだ。

「おせち」ということばが特に正月料理を意味する標準語（?）となったのは、第二次大戦後のことで、たかだか三十年のことらしい。家庭で作るものとしてではなく、デパートで売り出す際に使われて一般化したといえる。

目で食べる美しさ

しかし、色どりも美しく豪華に盛りつけられたおせち料理を見、それに箸を入れるのは、やはり楽しい。日本料理は目で食う料理、などといわれるが、その美しさが最高に発揮されたのが「おせち」だといえるだろう。日本のお正月からおせちを除いたら、雑煮と酒だけの、淋しい、ういういしさもないものになってしまう気がする。

「おせち」は「御節供（おせちく）」の略だ。お節供は、朝廷の節日の宴会（節会＝せちえ）のごちそうのことで、平安時代には一月一日、七日、三月三日（上巳）、五月五日（端午）、七月七日（七夕）、九月九日（重陽）などの節日に朝廷で神前に食物を供え、お祝いの料理を作って宴会を催した。そして、この「お節供」が「おせち」と略されてお正月の料理だけを意味するようになり、一方で「お節句」と書きかえられて、三月三日と五月五日をおもにあらわすようになった。

「お節句」のほうは江戸時代に読みやすいようにというので生まれた字らしいが、「せち」をお正月のごちそうの意味に使うようになったのもかなり古いようだ。『玉勝間』など江戸時代の本には、「年のはじめに、いはゆる振舞《ふるまひ》などをすることを節《せち》といふ」とあり、ほぼ現在の意味に使われていたことがわかる。「せちごと」「せちぶるまい」などともいったし、また「せちする」などと動詞にも使われた。

『壬生忠見家集』には、

春霞たつといふ日をむかへつつ年のあるじとせちやなりなむ

という歌がある。

兵庫県飾磨《しかま》郡では、松の内にお客を招いて酒盛りをすることを「おせち」といっているという。古く『室町殿日記』という本に、織田信長が正月五日に諸大名を集めて新年の「節振舞」をしたと出ているということだ。だから新年宴会のことをもいったらしい。とにかく、こうした記録の中に、「せち」がもっぱらお正月をさし、次いでお正月の料理をさすようになってきたいきさつがうかがえる。「おせち」ということばは、もともと関東でおもに使われていたことばらしく、たいていの地方では「お正月の煮しめ」などといっていたし、それで十分お正月らしいはなやいだ語感を伝えていた。それがこうして日本中で使われるようになったのは、前にも書いたが、デパートあたりが作って売り出すようになってからだ。蛇足だけれど、「せち」や「おせち」は『俳句歳時記』には、お正月の季語としてはとり上げられていないようだ。

正月の食物としては、このほかに「蓬萊《ほうらい》」や「食積《くいつみ》」があった。蓬萊は一種の飾りもので、平安時代から祝儀や宴会の飾りに使われたが、室町時代にはこれももっぱらお正月に用いられるようになり、お客にも出して食べてもらうようになった。『俳句歳時記』によれば、普通は三方《さんぼう》に松竹梅を立てて、紙の上に白米、しだ、昆布、ゆずり葉を敷いて、その上にだいだい、みかん、ゆず、たちばな、かやの実、山の芋、ほんだわら、くしがき、伊勢海老、梅干などを飾った。みんななま物でみかん類と芋と海老を除けば貯蔵食品だ。

蓬萊はもともと近畿の風俗で、江戸では「食積」といった。「食摘み」とも書くらしく、飾りとしてだけではなく、実際にお正月の間食べていた。「食積」はもともとお正月のお客のための重詰め料理のことで、これがのちに装飾的になっていったものだという。

蓬萊に聞かばや伊勢の初便り　（芭蕉）
蓬萊や東にひらく伊豆の海　（秋桜子）
食つみをほつほつあらす夫婦かな　（嵐雪）
食積を飾れる妻の老いしかな　（小合一保）

などの句も多い。

こうして主として日持ちのよいなま物や乾物が使われていたのだが、江戸時代に町家が豊かになるにつれて、正月に重詰めの煮しめ類が作られるようになり、朝廷の行事になぞらえて「おせち」と呼ばれた。そして蓬萊や食積は飾りだけになったものだ。煮しめには、にんじん、ごぼう、大根、豆腐、こんにゃく、海老、昆布など、野菜、魚、貝、海草の四種が適当に組み合わされていた。

調理食品の粋

おせち料理は、正月の三日間は水仕事を避けるというたてまえから、大みそかまでに作って重詰めにしておくのが例となった。地方によって違いもあるが、口取り（宴会の前に出るかまぼこ、きんとん、卵焼きなどを盛った一種のオードブル）、煮しめなどを重箱に入れておき、お正月の三日間、お客に出し、自分たちも食べる。主婦の仕事が省かれるわけで、おせち料理の習慣は一年中毎日忙しく料理をしている女性へのねぎらいの意味から始まった、などという説も出るほど、合理的な習慣だ。たしかにおせち料理には調理食品のようなところがある。自分で作るか買ってくるかだけの違いで、あとは冷たいまま並べればいいのだから、冷凍調理食品などよりずっと楽だ。それに、デパートや仕出し屋のを使うと、ますます調理食品だ。

もっとも、平常の生活でも昔のように忙しくはなく、調理食品あたりによって簡略化されている現代の台所仕事のことだから、その意味でおせち料理は女性にとってもそれほどありがたいものではなくなってきている。昔、冷蔵庫もなかったころに、三が日間保存することのできる料理群が存在しえたのは、もちろん冬の寒さのせいだ。今、室内は暖房によって暖かく、おせち料理は冷蔵庫に入れておかねばならなくなった。おせち料理はむしろやっかいなものになりつつある。そして、洋風化の進んだ今日、その波はおせちの上にも及び、ハム、ソーセージ、鶏肉のから揚げ、焼き豚など、洋風、中国風のものもためらうことなくとり入れられるようになった。というより、こうして現代風の食品をとり入れることによって、やっとおせち料理は現代のお正月の中に座を占めているように見える。

欧米には日本の「おせち料理」にあたるものはないようだ。もともとお正月は元日一日休みになるだけで、特に大騒ぎするわけでもないのだから、そのための特別料理があるはずもない。だからクリスマスのごちそうについて考えてみても、あひるかターキー（七面鳥）にクリスマスパイと、すもものプディングぐらいのもので、それもクリスマスだけの料理とはいえない。ただアメリカでは大きなターキーを使うので、余るのが普通のようで、クリスマスのあとしばらくは残ったターキーの処理のため、ターキーのスープやシチューが続く。ターキーのサンドイッチを勤め先へ持って来て、うんざりしたような顔つきで食べている男が多い。「残りものには福がある」などということばもない国のことだから、心境はよくわかる。日本でもおせちの残りがしばらく食卓や弁当に出現するのが普通だから、まあ、そんなところが似ていなくもない。

それから、おせち料理は重詰めをテーブルの上に並べ広げて、みんなで少しずつとって食べるのが普通だ。こういう食べ方をする日本料理は鍋ものを除いてほかにちょっと見あたらない。一人一人に盛り分けたものを膳まで別にして食べるのが日本料理のやり方だからだ。だから、おせち料理の食べ方は欧米のパーティー風に近い。これは日本人にとって画期的なことだし、それがお正月をより豪華に楽しいものにしていることも事実だ。

豊作・多産・長寿への祈り

おせち料理にはこのほか、黒豆、ごまめ、数の子など独特の材料が使われ、それらはいわゆる祝儀ものと呼ばれる。これらには語呂合わせやこじつけが多いが、昔の人がそれに託した夢や願いがうかがえるので、紹介しておく。農業国日本では、新年は特にその年の豊作への祈りが重大な関心事となっていた。

海老　腰の曲がった姿を長寿の老人に見立てて、おめでたいときに使う。

だいだい　「代々」続くように、という家運がよくなることへの祈り。
くしがき　かきが長命の木だから。
かちぐり　「勝ち」に通じるので、お正月のほか、出産や出陣のときに用いた。
梅干　しわを老人のしわに見立てて長寿への祈り。
とろろ　長いひげ根が出るので、老人のひげに見立てた。
昆布　よろこぶ、ともじるのは結納《ゆいのう》や結婚式などに使われるからご存じだろう。また昆布は広布《ひろめ》ともいうので、名や運が「広がる」という。またえびすめともいうので「福が授かる」という。
ほんだわら　穂俵というもとの名でもわかるように、実が米俵の形に似ているところと、「穂」といい「俵」といい、豊作に通じるとした。
里芋　子芋がつくので子供がたくさん生まれるようにとの願い。
バイ　「倍」に通じるので金運への願い。
田作り（ごまめ）　かたくちいわしの干物。昔、田の肥料とした。豊作への願いから。
ナマコ　俵の形に似ているので俵子とも呼び、豊作への祈り。
タニシ　身の形がナマコに似ているからという。
数の子　多産への願い。
また平安時代から元日にかたいものを食べて歯の根を固め、健康長寿を祈る「歯固め」という行事があり、かちぐり、かやの実、するめ、昆布などが使われた。今も歯固めをする地方が残っている。歯の治療も思うにまかせなかった昔、歯の悪いことはすぐ健康にひびいたからであろう。

こうした豊作、多産、長命などへの祈りも、米が余り、産児制限が推奨され、また食生活の向上や医術の発達などで寿命が二十年も伸びた今日、あまりぴんとこないが、そんな文明の見返りとして公害や人口問題が私たちの生活を脅かしつつある。せかせかと忙しい一年のせめて三日間ぐらい、スモッグの晴れた空の下で、昔の人の素朴な祈りや願いに耳を傾けておせちを食べるのも、お正月の楽しさの一つだろうか。

手作りへの回帰

手作りで招く楽しさ

アメリカやヨーロッパの家庭に招かれて行ってみると、たいてい手作りのジャムやママレードやクッキーなどを食べさせられる。

「おいしいわ」「どうやって作ったの？」などと、女性たちの間で、ひとしきり話題になる。そんなときの女性たちは国境もことばの不便もこえて楽しそうだ。

クリスマスや誕生日のケーキも自分で作るのが普通のようだ。パイ、パン、ソース類、くだものの砂糖漬け、ピクルスなど、なんでも作る。ワインを作る人もある。もちろんスーパーに行けば、なんでも手にはいる。種類も多く、おいしい。手作りしてみたところで、商品よりおいしくできる場合は少ないだろう。だから、「おいしい」だの「ワンダフル！」だのといっている女性たちのさざめきが、初めはひどくしらじらしいお世辞の投げ合いに聞こえて、男どもは別のすみに固まって、あとで出てくるかもしれないマーティニかマンハッタンに思いをはせながら、仕事やスポーツの話をボソボソとしている。

が、そんなことがたび重なるにつれて、まずい手作りのジャムやパンが、不思議な暖かさを招く人と招かれた人との間に運んでいることに気づく。ことに仕事のうえの上役や訪問地での初対面の人からの半公式の、まあお義理の招待のときなど、分厚いステーキや飾り立てた巨大な七面鳥よりもなによりも、わきに添えられた色の悪いぶざまなジャムやピクルスに、それまでの緊張や気まずさがいっぺんに消えてゆき、急に長い間の知己のように人間同士の親しさが感じられてくる。アメリカでは大事な客ほど家庭に招いたり招かれたりするのが習慣だが、その目的の一つは、こうしたところにあるのだろう。

手作りの「料理」が作った人と食べる人との心の橋渡しをすることは確かだ。が、それにしても、ジャムやピクルスなどは、今日（あるいは明日）お客をするからといって、すぐ用意できるものではない。材料のくだものや野菜をそれぞれのシーズンに買い込んで仕込んでおかねばならない。もともとこれらの加工貯蔵食品は家庭で作るものだったわけで、現代の商魂がそれらに目をつけて商品化していったにすぎない。だから、手作り加工食品はヨーロッパのそうした伝統が残ったものだ。

しかし、女性がどんどん社会に進出し、家事全般が女性にとってさえ片手間仕事みたいになっていくという点では日本の大先輩格のアメリカで、わりに加工貯蔵食品の手作りが、ことに豊かな家庭でつつましく行なわれているのは、もっぱら主婦の楽しみのためといえるだろう。そして、それは、でき上がってみると、けっして作った人だけの楽しみではない。食べる人——家族や客の楽しみにもなるのだ。

これはけっして欧米だけのことではない。日本古来の貯蔵食品や加工食品——漬物、つくだ煮、豆腐、果実酒、そば、うどんなどにもあてはまる。これらは、味噌、醤油、納豆、甘酒、塩干魚などとともに、かつては家庭で作られていたものが、あるものは徐々に、あるものは最近急に企業が作り出したものだ。それらを、また家庭で作ってみようとする気運にある。そして、将来はインスタント食品や加工調理食品の普及によって台所仕事は事実上なくなって、料理は主婦の趣味と化していくと予測されている。

手作りのよさは、手芸などでもそうだが、自分に気に入った味を工夫できる点にある。そして、でき上がったものは、世界中どこにもない、唯一つのものだ。手作り加工食品はだから手芸に似ている。もちろん、添加物などは入れないから、少々姿形や色合いは悪くとも、自然の味だ。

けれど、なによりも加工食品はもともと人間が長い冬や飢饉や不漁をしのぎ、また材料をおいしく栄養的に食べるための必要不可欠のものとして生まれてきたものだった。

古代の食品加工

世界最古で最高の加工食品はパンだ。今、米と並んで世界の二大穀物の一つである小麦は四千年以上前からエジプト、ヨーロッパで栽培されていた。米と違って粒のまま食べるのには向かないので、かなり昔から粉にひいて食べていた。初めは重湯のようにしたり、こねてから熱くした石にはりつけて平焼きにして食べていた。今でもインドなどで食べられているチャパティなど、小麦粉を発酵なしの平焼きにして食べているところも多い。

ところで、小麦粉をこねて作ったかたまり（ドウ）を、すぐに焼かないで一日おくと、たいてい空気中のイーストがついて発酵が始まる。じょうずに焼くとパンらしいものになる。よいイーストがついたときはおいしいパンができる。つまり人類が小麦を粉にひいてこねることを覚えたとき、パンのほうから人類に近づいてきた（？）ことになる。あとはよいイーストを人間の手で加えて、いつもおいしいパンを作る工夫だけが必要だった。

もっともパンの発明については伝説がある。ドウをこねているとき、ある人がふと思いついて、ぶどうのしぼり汁を入れてみたところ、たいへんおいしいものができたのが初めだという（「パンをつくる人」の項参照）。

ワインも古い加工食品だ。味のことをやかましくいわなければ、ぶどうを踏みつぶしておくだけで、ぶどうの皮下にいるイースト菌の働きによって自然にアルコール発酵が始まり、炭酸ガスのあわが出て、ワインができる。

この伝説は古代の二大加工食品を結びつけている点で、文明史のうえからはおもしろいが、焼き団子のようなものを食べて満足していた人が、急にぶどう汁を思い浮かべたりはしないだろう。ドウの自然発酵の観察こそが下地になっての伝説だろう。

品質一定なおいしいパンを作るためには、いろいろな工夫が凝らされた。ぶどう汁を入れるのもその一つだが、この場合は「酒まんじゅう」のようなものができたことだろう。最もてっとり早い方法は、うまくいったときのドウ（その中に野生のイーストが繁殖している）を一つかみ（パン種）だけ焼かずにとっておいて、次の日のドウに混ぜることで、この方法が長く使われていた。そのほか、たとえばじゃがいもを煮て布でこして作った汁に小麦粉などを加えておくと、空気中に浮遊しているイースト菌が飛び込んできて、繁殖しはじめる。

とにかく、イーストによるよい発酵はよいパンを作るうえでのポイントだから、いろいろな工夫が凝らされたし、今でもこうした自家製イーストでパンやパンに近いものを作っている民族は多い。

貯蔵食品と味

古代のエジプト・ギリシアでは、パンを焼くのは女性の仕事だった。紀元前二世紀になって男のパン焼き職人が現われ、次いで「パン屋」が登場するまでパン焼きは日々の「料理」の一種だった。パンに限らず、手順だけから見ると加工貯蔵食品と「料理」との区別はつけにくい。というより、料理は食品加工の一種と考えるほうがわかりよい。食品加工は料理のうちで作るのにかなりの日数がかかるもの、簡単な炊事以上の手順と技術がいるものと定義することができよう。

加工食品は人間の知恵の結晶だ。農耕が始まっても本質的には太陽と水、つまり自然に寄りかかっていて、自然が作ってくれるものだけが人間の食糧だった。寒い地方では冬は野菜を見ることもできなかった。今から百七十年ほど前に罐詰が発明されたとき、最初の試作品であるグリンピースの罐詰を食べたパリの新聞記者は、「季節を自由に定める方法が発見された。一つのびんの中に春と夏と秋がたくわえられている」と感激した記事を書いたし（初めはびんが使われた）、当時の有名な料理研究家も、「冬の最中に五月の太陽をしのぶことができる」と絶讃している。今日から見れば多少オーバーなこれらのほめことばは、当時の人たちの冬の食生活がどんなに寂しいものだったかを物語っている。

「季節を自由に定め」ないまでも、冬や飢饉のときも人は食べねばならなかった。たべものを腐らせないでとっておく方法として、漬物、ピクルス、ジャム、干し野菜などがこうして工夫され冬の食品として重宝された。また肉や魚も塩漬けにしたり干したりして貯蔵された。ハム、ソーセージ、塩魚、干魚、などがこれにあたる。これらはコールドチェーンもちろんなかった時代、遠い土地へ運ぶのにも重宝だった。海岸から遠い都だった奈良や京都では、海の魚や貝類はほとんど塩干物だった。というより、都が海から遠かったからこそ、日本でこれほど海産物の加工品が発達したのだともいえよう。今も京都の名物の魚料理はみがきニシンや棒ダラが原料だ（「魚と日本人」の項参照）。

貯蔵食品はこうして必要から生まれ、昔の人の命の綱であったわけだけれど、この種の加工品にはたいていおまけがついた。それは、たとえば塩漬けにするとたいていの場合、発酵によって元の野菜にはないおいしい味や香りがつく。ザウアークラウトやピクルス、日本のぬかみそ漬け類などはこうして初めの目的から離れて人々に愛されるようになり、野菜の促成栽培や冷凍の技術など、野菜類がほとんど季節に関係なく食べられるようになった今も、日本人の食卓の必要不可欠のものとして好まれている。

醱酵食品

発酵は人類の食品加工史上、いちばん重要な作用だ。パン、酒類、漬物類、納豆、味噌、醬油、ヨーグルト、乳酸飲料やチーズなどの乳加工品、塩辛類などがそれにあたる。みんな偶然の機会においしくなることが見いだされて、長い人間の歴史の中で改良が重ねられて今のような形になった。だから、特定の発明者の名前も記憶されていないが、中には起源についておもしろいエピソードのあるものも多い。

チーズはあるアラビアの旅人の発見といわれている。気のきいた水筒もなかった大昔、羊の胃袋（昔は動物のからだの部分で袋状のものはみんな液体の容器に使われた）に牛乳を入れて馬かラクダの背にぶらさげて一日の旅に出たカナナという男が、夕方になって牛乳を飲もうと思って羊の胃袋の口をあけて傾けたら、牛乳は出てこず、薄い汁が出てきただけで、袋を切り開いてみたら、中には白い固まったものがはいっていた。今の知識によれば、羊の胃のレニン（乳を固まらせる酵素）が牛乳に働き、また揺られている間にレニンの働きが促進されて凝固した、ということになる。できた凝乳はすでに一種のチーズで、牛乳と違って貯蔵がきき、しかも運ぶのに便利だ。牛乳の栄養分のほとんどが、そっくり濃縮されている。その後各地でさらに工夫されて、今のように、お国ぶり豊かないろいろなチーズができ上がった。

チーズは、紀元前二〇〇〇年ごろにはもう人々の主要な食物の一つとなっていた。ギリシア人はチーズをオリンポスの神々からの贈り物と考えており、ホメロスはそのことを高らかに歌い上げている。聖書にも、チーズあるいはチーズらしいものが、いろいろな個所に出てくる。チーズも初めは家庭で、女性が作っていた。カマンベールはもともと土地の名前をとってナポレオンが名づけた。ヨーロッパ中を征服しようとして進軍中、ナポレオンがある田舎の宿屋で食べたチーズが、あんまりおいしいので作った人の名を尋ねた。そして拝謁したマリー・アレルという主婦に感激して接吻したという。

ヨーグルトはもともとはトルコ語で、酪農国で古くから盛んに作られた。ブルガリア人は長生きだが、ヨーグルトをたくさん飲むおかげといわれている。また、スコッチウィスキーの銘酒オールドパー（パーじいさんの意味）のラベルに描かれているトーマス・パーは百九十二歳まで生きたが、これもヨーグルトを盛んに食べたためといわれる。別にウィスキーをよく飲んだためではないらしい。

たくあん漬けはぬかの発酵によって独特の香りと味を持ち、またビタミンB_1・B_2などぬかの栄養分がしみ込んでいるので、日本のたいへんすぐれた国民的食物だ。江戸時代の初めに沢庵和尚が創案したものといわれている。もちろん、今も家庭で作られており、大きなたるにつけ込んで年中食べる。家によって年によって、味が少しずつ違い、主婦の腕の見せどころとなっている地方も多い。食事のときだけでなく、お茶うけに山盛り出すところもある。日本は世界に誇る「漬物王国」でこんなに漬物の種類が多く、各地の名物になっている国は、他にないだろう。

すしももともと発酵食品の一種だ。鮎、鮒、鮭などの腹の中にめしを詰めて重しをかけておくと、めしが発酵して酸味と甘味のあるおいしい貯蔵食品になる。これは日本でずいぶん古くから作られていたもので、古代鮨とか、なれずしなどと呼ばれている。平安時代には諸国から朝廷への贈り物としても使われた。初めからめしに酢を混ぜて調味する今のすし類は、なんでもせっかちになった江戸時代の発明だ。

酒や酢も世界中の人が楽しんでいる加工食品だが、その起源はあまりにもはるかで、よくわかっていない。ただ、日本では酢はもともと梅を塩漬けにしたときに上に出てくる液を使っており、これもすぐれた漬物である梅干の副産物のような形であったが、のちに酒や米から発酵によって作るようになった。

あまり太古からあって、発明者は人間以外の動物だといわれている発酵食品もある。酒がそうだ。初めに猿が作ったのを人が真似た、などという。酒もパンや酢と同様、穀物にアルコール発酵を促す菌がついて自然にできる。ことにワインはぶどうの皮に住んでいる酵母菌によって簡単に発酵が起こる。

発酵によらない貯蔵食品でも、貯蔵のための加工によって元の材料よりおいしくなるものが多い。

ハムやソーセージは塩漬けと燻製という二つの手順による貯蔵食品だが、もちろん新鮮な肉にはないおいしい味と香りがついている。肉食のヨーロッパ、アメリカではいろいろな姿と味のものが工夫され、向うの人の「おふくろの味」の一つとなっている。

ハムやソーセージはなまの肉類と同様、十六世紀ごろに日本に伝わり、明治ごろから一般の人の間に食べられるようになった。なまの牛肉や豚肉がすきやきやみそ漬けなど日本風の味つけで親しまれたのに反し、ハムやソーセージはそのまま食べられたから、西洋の味と香りの代表のような形で、日本人の食卓をにぎわせていった。ことに燻製という貯蔵法をほとんど使わずにきた日本人にとって、その匂いは珍しく、じかに感ずる西洋の香りとして愛された。

日本の伝統食品

肉の加工品という意味では、魚をよく食べる日本人も負けてはいない。ことに魚肉は干したり塩漬けにしたりすると、身がしまって独特の風味が出てくる。単純な塩漬け（鮭、鱒、サバ、イワシなど）や干魚（するめ、みがきニシンなど）をはじめ、塩漬けしてから干す塩干品（めざし、くさや、すき身だら、からすみ）、いったん煮てから干す煮干し類（イワシ、アワビ、貝柱、干し海老類）、いったん冷凍してから乾燥するみんたいや寒天、それに一種の発酵（自己消化）を伴う塩辛類などいろいろな技術が駆使されて、各地の名物にもなっている。ことに魚の卵の塩漬けや塩辛類は珍重されている。キャビアは世界中でいちばん高価な食品といわれているが、日本のうるか（鮎の塩辛）やめふん（鮭の腎臓の塩辛）はときにはキャビアよりも高いといわれている。

特に貯蔵を目的としない加工食品中、日本ではめん類とか、ちくわやかまぼこ類、それに豆腐やゆばなどの大豆加工品がすぐれている。そして、貯蔵食品の発明がたいへん古くて歴史時代以前にさかのぼるのに反して、これらの「高度調理品」はわりに新しく、由来もわりにはっきりしている。

たとえばかまぼこは神功皇后が神戸の生田神社で、魚肉のすり身を鉾の先につけて焼いたものを召し上がったのが最初だ、といわれている。蒲（がま）の鉾（穂先）に似ているので蒲鉾《がまぼこ》と呼び、これがなまったものだと室町時代の本にある。どうも、かまぼこの先祖はむしろちくわに似ている。今日のような「板つけかまぼこ」も室町時代にはあり、これがもう「かまぼこ」と呼ばれていたようだ。だからかまぼこの名の由来がほとんど忘れられたころに、これと区別するために、元のかまぼこを別の連想からちくわ（竹輪）と呼ぶようになったのだろう。ちくわもかまぼこも、魚肉の蛋白質が真水にはとけず、塩を混ぜるととけてどろどろになることを利用した、たいへん高級で賢明な加工法で、日本人の発明といわれる。

うどんは奈良時代に中国から伝えられた唐菓子の一種のまんじゅうのようなものが、日本で名前も実物もだんだん変身してできたものだ。ドウをのして切る（普通のうどん類）が、細くのばせばそうめん、中華めんなどになる。世界的に見て、小麦の食べ方としてはパンと並ぶ一方の旗がしらだ。

そばのほうはもともと日本で「そばがき」や「そば練り」として食べられていたが、江戸時代の初期に朝鮮から来た元珍という僧が、奈良の東大寺で、そば粉につなぎに小麦粉を入れてこねて、うどん式に作る「そば切り」の方法を教えたのがはじまりだ。そばは荒れ地でもよく育つので、もともと備荒作物（飢饉のときの用意の食物）だったから、そば切りももちろんそのためのものだったが、おいしいので江戸で受けて、盛んに食べられた。

小麦粉とそば粉を二対八の割合に混ぜてこねるのが標準で、おいしいので「二八そば」などと呼ばれて、江戸っ子に愛された。落語の「時そば」では一杯十六文だから二八そばだという屋台のそば屋が登場するが、あれはこじつけだろう。もっとも、当時は女性が最も魅力的なのは十六、七歳とされ、「二八娘」などといっていたから、「二八」ということばには特別の愛らしいニュアンスが感じられていたのであろう。「年は二八か、二九（憎）からず」などという言い回しもあったらしい（十六歳ぐらいだろう。十八歳にはまだなっていない、の意）。

牛乳、羊乳など乳をよく飲む地方でチーズ、バター、ヨーグルトなどの乳加工品が多く発達しているのに対し、アジア、ことに近代まであまり牛乳を飲まなかった日本と中国では、大豆の加工品がたいへん発達し、食生活を豊富にすると同時に国民のたいせつな蛋白源となってきた。豆腐、油揚げ、凍り豆腐、がんもどき、納豆、ゆば、きな粉、醬油、味噌など、大豆加工品をなくしたら今も日本人の食生活は成り立たないぐらいだ。去年のアメリカの対日大豆輸出禁止のために起こったパニックがそれをよく物語っていた。これらの大豆加工の技術はほとんど奈良・平安時代に中国から伝わり、日本で工夫され、今の形に完成されていった。なまのままやちょっと煮ただけでは食べにくく不消化な大豆を、このように食べやすく栄養的なものに変えたのもまた民族の知恵だった。

貯蔵食品にしろ高度な調理食品にしろ、みんな人類にとっての必要から生まれた命の綱だった。今日、主として長くて不毛に近い冬を持つ北半球の温帯に栄えている文明は、加工食品なしには育たなかったに違いない。というより、そのような食品加工への必要性が人間の知恵を要求し、それが文明の発達を促した、ともいえよう。

日本の味と香り

日本人だけの味覚

アメリカでひとりで暮らしていたころ、なんどかアメリカ人の同僚とアパートで飲んだ。そういう時――つまり〝国際的親善〟の時――の常で、こちらとしてはなんとか日本的なおつまみでもてなそうとする。そんな時、絶対にアメリカ人に好かれなかったものが二つある。海苔と味噌だ。

両方とも海外で暮らす日本人にとっては貴重品だ。苦労して宝ものみたいにだいじに保存しておいたやつを、気前よく破いて出してやるのだが、海苔など、いったん舌の先きに置くやいなや、あわてて皿の上に戻して、すまなそうな顔をする。いったん自分の口に入れたものを出すのはもってのほかの非礼に当たる国だから、よほどこたえるものらしい。

味噌汁にいたっては、料理中にすでに顔をしかめ始める。出してやっても口に入れようとしない。一度カップルを招いた時、インスタント味噌汁の調理（というほどでもないが）中、ふと見たら、女性の方がかたわらの男性の手をしっかり握って身を寄せ、鼻を少し動かしながら、ガス室に送り込まれた女囚のような顔をしているのを見て、以後、味噌汁を供するのはやめにした。

私の友人夫妻はアメリカでアパートの一階に住んでいたおり、二階に住んでいたアメリカ人が、「階下の日本人のところから毎朝異様なにおいがしてくる」といっていた、と家主から注意を受け、さては日本人の排泄物のにおいがアメリカ人のそれとは異なるためか、と、一日、家族が排泄を控えていたが、まだ文句をいってくる。ところが、毎朝の味噌汁を中止してみたら、苦情がぴたりとやんだといって苦笑していた。このほか、日本人が好きでたまらないのに欧米人が嫌うにおいに、たくあんや日本酒のにおいがある。

以上はにおいについてだが、味の方にも、日本人は好きでたまらないのに、欧米人がきらう、とはいえないまでも、あまり興味を示さない味がある。日本人がやたらに好むのにアメリカ人が「中華料理店症」と称して難色を示したアミノ酸系化学調味料などの「旨味」がそれだ。

こう考えてくると、私たち日本人は国際的にかなり孤立した味覚なり嗅覚なりを持っているらしい。それが日本の味、ひいてはちかごろよく口にされる「おふくろの味」でもあるらしいのだ。

味をつくる要素

ひとくちに〝味〟とか味覚とかいっても、細かく考えてみると、ずいぶん多くの要素がからみ合っている。現在、次のようないろいろな要因が味を形づくっていくと考えられている。

視覚　形、大きさ、色、つや、きめ

嗅覚　花の香り、くだものの香り、腥《なまぐさ》いにおい、こげ臭、薬味の香りなど

触覚　硬さ、もろさ、なめらかさ、弾力性、粘性、温かさ、冷たさ、辛さ、渋さ
聴覚　カリカリ、パリパリなど
味覚　甘味、酸味、苦味、塩味など

以上は見て、嗅いで、触れて、じっさいに味わうという手順の順に並べたのだが、つまり、人間は五感のほとんどすべてを動員して〝味〟を楽しんでいるわけだ。このように人間の嗜好は単純ではないが、日本人特有の嗜好を、まずにおいについて見てみよう。

味もそうだが、においは捉えにくい。においといってもしょせん化学物質と鼻粘膜との化学反応で、においのもとというのは要するに、化学物質のうちの揮発性のものというにすぎないのだが、ガスクロマトグラフィという気体（に限らず揮発するものはすべて）の分析手法が発達したこんにちでも、においの分類や分析はむずかしい。

それでも、今から五十五年前、においの分類に挑戦した学者があった。ヘニングという人で、結局、人間の感じるにおいは、花臭、薬臭、果実臭、樹脂臭、腐敗臭、こげ臭――の六つのにおいが基本になっていると考え、これを三角柱のプリズムの各頂点に配し、すべてのにおいはこのプリズムの面の上か稜線のどこかに位置すると考えた。（図）

ところが、日本人の加福均三氏は六基本臭では足りないと考え、一つ除いて三つふやして、八基本臭とし、においの正六面体を案出した。加福氏が入れた基本臭は、悪臭と腥臭と酢臭だ。彼が日本人

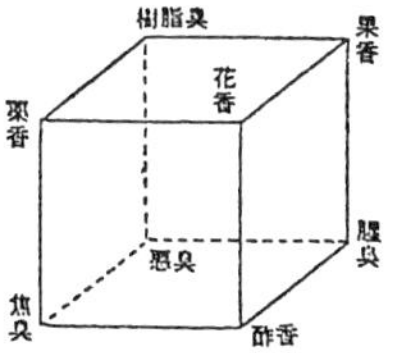

加福均三氏のにおいの正六面体
（各反対の頂点に正反対のにおいが位置するという。花香－悪臭、果香－焦臭など）

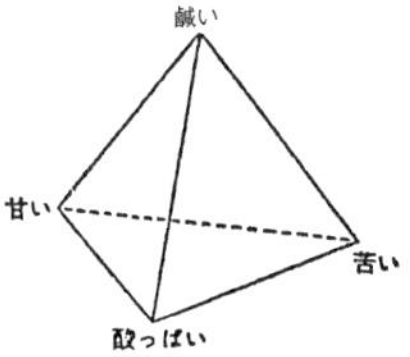

ヘニングの味の正4面体

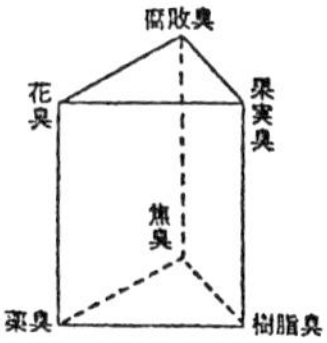

ヘニングのにおいのプリズム
（手前はよいにおい、向こうは悪いにおい）

であるからには、この三つのにおいは、日本人の好きな、あるいは日本人の嗅覚に特有なにおいを代表していないだろうか。すぐに思いつくのは、さきに挙げた海苔、味噌、たくあんなどのにおいが欧米人にひどく嫌われている点だ。これらの香りに共通して含まれているのは有機硫黄化合物の香りで、ことに後の二つは植物性食品中の硫黄を含むアミノ酸類から発酵によって生じる化合物のにおいが主で、日本人が特に好む香りだ。醤油、日本酒、納豆などの香りの主成分もそういう物質を含んでいる。日本人の食卓に漂う標準的なにおいとなっている。

また、海苔、青海苔など海藻の香りも、少しちがうが、やはり硫黄化合物の香りで、いわゆる「磯の香」は海岸に打ち上げられた海藻が古くなって生じるジメチルサルファイドという硫黄化合物のためだ。海藻の香りをこれほど賞味する民族は日本人だけだろう。

また「腥臭」の方だが、これはむしろ生魚のにおいと塩干魚のにおいによって代表される「魚臭」といった方がいいかも知れない。めざし、たらこ、くさや、塩鮭など塩干魚に特有なあのにおいは硫黄化合物ではなくて、海産動物に含まれている物質から生じたトリメチルアミンという窒素化合物のにおいだ。魚をよく食べる私達日本人にはあまり苦にならないが、欧米人にはひどく嫌われる。英語では「におい」は感覚的にパーヒューム（香り。ヘニングの図でいえば花臭）、フレーバー（風味。果実臭など）、アロマ（香気。薬臭、樹脂臭、コーヒーのにおいなど）、オーダー（悪臭）、オフフレーバー（不快臭）などと区別するが、この魚臭は「オーダー」の中に入っている。もう一つ、酢香は果実酢とちがって米酢を使う日本では、その酢酸のにおいはすし、酢のものその他の、なつかしい香りとなっている。

ほかに日本人の好きな香りとしては、マツタケなどきのこ類や煮た二枚貝の香りもあるが、いずれもヘニングのプリズム上には位置させがたいにおいで、やはり日本人に特有な嗅覚嗜好といえよう。大豆や穀類の発酵臭といい、魚臭といい、海藻類の香りといい、菜食、魚食、藻食の日本人の食習慣とみごとに対応している。

旨味をつくるもの

味の方は割合にはっきりと日本人独特の好みを指摘することができる。それは「旨味」だ。旨味というのはたとえばこんにち、グルタミン酸ソーダやイノシン酸ソーダなどいわゆる化学調味料によって代表される味のことだ。元来、味覚も嗅覚と同じく人間の五感のうち化学的感覚に属しており（これに対して触覚、視覚、聴覚は物理的感覚だ）、やはりとらえにくい。しかし、ヘニングは、味には甘い、塩からい、酸っぱい、苦い、の四つの基本味があり、図のように正四面体の各頂点にそれぞれを配すれば、すべての食品の味はこの正四面体の四つの面か四本の稜の上のどこかの位置で表わすことができるという説を出し、この「四原味」説が欧米の学会では広く認められた（ヘニングは「辛い」というのは舌におよぼされる痛覚で、「渋い」というのは舌の蛋白質が収縮する時に感じる感覚で、ともに「味覚」ではないとした）。

ところが、これに反対したのは日本の学者達だった。日本人の舌にとってはヘニングの「四原味」では表わせない、そして彼の正四面体のどこにも位置を占めることのできない、しかも極めて大切な味があるからだった。それが旨味だ。それで、日本の学者は断固、甘酸鹹苦旨の「五原味説」を主張している。

各国で昔から今日にかけていわれている基本味を整理してみると、

日本　甘、酸、鹹、苦、辛　あるいは

　甘、酸、鹹、苦、旨

インド　甘、酸、鹹、苦、辛、渋、淡　など

欧米　甘、酸、鹹、苦、アルカリ味、金属味

ヘニング　甘、酸、鹹、苦

これらの分類を見ても、日本人の旨味に対する感覚は世界的に孤立した味覚であることがわかる。

日本の学者の五原味説は、しかし、欧米の学者にはまったく理解されがたいものであるらしい。英語

にももちろんテースティ（おいしい）ということばがあるにはあるが、それは甘酸鹹苦の四原味が調和よく混じり合った結果であって、「旨い」という独立した味などあるはずがない、というのがかれらの主張だった。

事実、かれらの四原味の基本になる物質（砂糖、酒石酸、食塩、カフェイン）を適当量ずつ混ぜるとグルタミン酸ソーダに似た味になることを証明しようとした学者もある。

しかし、こんにちでは「旨味」は人間の基本的味覚の一つとして科学的な席を得つつある。味覚というのは舌の表面にある味蕾《みらい》に対して味のある物質が刺激を起こし、これが味覚伝達神経などを通って脳中枢に伝えられるものだ。そして各基本味を伝える味蕾の分布は舌の上でかたよっていることが感覚的にもわかる（一つの物質でも舌の位置で感じる味がちがうことも多い。たとえば減塩醬油などに食塩の代りに使われている塩化カリウムは、舌の前の方では塩からく感じ、後の方では苦いと感じる）。さらに細かく調べると、味蕾が受けた刺激は異なる神経繊維を通じて伝達されていく。

もし「旨味」が四原味の混合によってもたらされるものなら、四原味を受け持つ神経繊維のそれぞれになにがしかの反応を起こさせながら脳中枢まで伝えられるはずだが、よく実験してみると、グルタミン酸ソーダやイノシン酸などの旨味物質は、あきらかに他の四原則とはちがった神経繊維による反応を起こさせつつ、ほぼ独立に脳まで伝えられることがわかった。そんなわけで日本人の好きな「旨味」はこんにち、科学的にも席を得ているわけなのだが、どうしたことか、欧米人にとってはこの感覚や、これを得ようとする努力がすっぽりと抜けている。

ただ、有名なブリア・サバランは一八二五年に出した『味覚の生理学』（邦訳は『美味礼讃』）の中で、「化学の栄養学に対する最大の貢献はオスマゾームを発明したことだ」とし、オスマゾームとは「冷水中に溶ける獣肉の中の高度に味のある部分」といっている。これは冷水に不溶性のエキス分と異なり、「成熟した赤身や黒身の動物から絞られ」子羊や鳥類の白身からはほとんど得られないものだとした。この「オスマゾーム」の性質はグルタミン酸などのアミノ酸やイノシン酸を思い起こさせる。が、この神秘的な名のものも、その後研究題目となることもなく欧米ではうち捨てられてきた。余談だが、サバランのいう「冷水には溶けず、熱湯にのみ溶けるエキス分」というのは脂質などのことだろう。

そして、旨味、たぶんサバランのいうオスマゾームの本体の一つがはっきりしたのは、それから約八十年後の明治四十一年、日本人学者によってだった。池田菊苗博士が昆布の旨味成分がグルタミン酸ソーダであることを発見したのである。そして、いわゆる化学調味料は日本の台所と食卓の必需品となってきた。しかし、大発見は一夜にしてなるものではない。日本人にはこの発見のために長い「準備期間」があったのだ。

旨味を求める日本人の努力は遠く飛鳥・奈良時代までさかのぼる。「醬油文化」の項でも述べたように魚介類を適度の塩につけて放置しておくと、肉の自己分解や発酵によってアミノ酸ができて、旨味のある塩汁となる。これはこんにち魚醤《ぎょしょう》とよばれて、東南アジアで作られ、用いられている。日本の「しょっつる」や「いかなご醤油」はその名残りだ。これらはひっくるめて「醤」と名づけられていた。やがて豆などを発酵させて作る「豆醤」や「穀醤」が工夫され、味噌の原型に当たるものができた。奈良時代には十種類ものこうした旨味料が工夫され、妍を競っていた。これらはすべて塩味をもった旨味料である。それらはやがて技術の進歩とともに、味噌と醤油に分化していった。

一方、鰹などの煮汁（いろり）や鰹節、干しシイタケなどの旨味専門の調味料も平安時代にはすでに味つけに大いに用いられていた。また、煮干、だし昆布の使用、グルタミン酸の発見、イノシン酸の使用など、日本人の調理や食生活の歴史とは、いじらしいほどの旨味へのあこがれと、それの発見への努力の歴史だ。

歴史を超えるおふくろの味

これらの旨味料のうち、味噌、醤油、昆布などの旨味はグルタミン酸ソーダを代表とするアミノ酸類の味、鰹節、煮干、シイタケなどの旨味はイノシン酸やグアニル酸などの核酸系調味料の味、と大別できる。そしてこの二種類をいっしょに用いると、それぞれを単独で使う時よりも旨味が増大すること（相乗作用）が知られている。醤油や味噌の汁に対して鰹節や煮干を入れるのは、その点、たいへん理にかなっているわけで、昔の人の知恵に驚くほかはない。また、関西では味つけに鰹節とともに昆布を併用するが、これも大へん合理的な組合せで、食い道楽関西の名にそむかない。

日本人の好きな旨味にはこのほか二枚貝類のコハク酸の味があるし、好きな香りとしてはマツタケなどきのこの香りがある。たしか、曽野綾子さんはアメリカでもっとも推奨に価する料理として、東部のスチームド・クラム（蒸しアサリ）をあげていた。私もこれがおいしくてしかたがない感じで、よく食べたが、あれもひょっとしたら、アメリカの平板な味の料理に飽きた舌がアサリに「日本の味」を見出して感激していたせいかも知れないと思っている。

以上、においと味を別々に見てきたが、日本語にはこのほか「風味」「味わい」「食い味《あじ》」といった表現がある。これらはものを口に含んだときに舌と鼻の両方に感じる、味覚と嗅覚が一体となった感覚といっていいだろう。嗅覚そのものは鼻を近づけて、鼻の前方から吸い込んだ時のにおいだが、風味の方はものを噛んだとき、においの物質（気体）が口から鼻へさかのぼり、鼻の後方から漂う時のにおいとされている。こういう感覚を大切にしてきたのも日本人の味に対する感覚の特徴といっていい。

最近、「おふくろの味」というのがもてはやされるようになった。街には〝おふくろの味屋〟と称するものまで現われて、中年男性でいつもにぎわっている。これら、「ひじきと油揚げの煮つけ」を頂点とする煮つけ、煮含め、煮っころがしなど、醤油、味噌、海藻、魚などを主な材料とする日本の家庭料理にはすべて、以上述べてきた日本人の味覚と嗅覚に訴える要素がきわめて濃い。

食生活の洋風化の進んだこんにち、ともすれば忘れられがちな、お義理にも「カッコいい」とはいえないこれら「おふくろの味」料理群にこそ、日本従来の嗜好が千数百年の歴史を超えて定着しているといえよう。

洋風化のままごと

西洋風だった昔の日本料理

明治三十一年に刊行された『日本料理大全』という日本料理の本に「昔の日本料理は大へん西洋料理に似てゐておもしろいから紹介する」といって、「昔は料理を出すに、酢、醬油、塩などを添へ、人々好みにしたがひて加へしものなりし」とあり、平安時代の文献を挙げて立証している。つまり、いまの日本料理は調理の段階に味をつけるのに対して、西洋料理はソースや塩やコショウを各自好みだけかけて食べる点がちがっている。それをハイカラぶって盛んに真似しているが、それは日本料理の千年も昔のやり方とおんなじで、珍しくも新しくもないのだ、というわけだ。日清戦争に勝利をおさめてから二年目。国民の意気高く、数年後には大国ロシアに勝とうとしていた日本庶民の愛国の心意気であった。そして、ここには、ややヤケッパチながら、新来の西洋文明に酔う上流階級への、庶民のやるせない抵抗の姿がある。

明治以後、ことに第二次大戦後の日本人の食生活を、その〝洋風化〟として捉えることによって、他の文化との対比を行なうことが盛んだ。ことに第二次大戦後の食生活は洋風化の嵐にもまれて来た、といわれる。牛肉や牛乳の消費量の増大がその目やすとされる。この論に立つと、日本人の食生活は「住」や「衣」にさきがけて（男達がチョンマゲを落とし洋服を着ることを始めたのより数年早く、木造の棟割り長屋が鉄筋コンクリートの2DKとなった年より約八十年早く）西洋化を開始し、その志向に沿ってばく進して来たことになる。が、果たしてそうだろうか。

ひとつの例がある。魚肉ソーセージというものがあった。あった、と過去形で書くのは、これがいまだ商品として健在である以上適切ではないが、少なくとも戦後の数年の国民の食生活の中ではなばなしく売れたあのころにくらべれば、いまはもう多くの人達にとっては記憶の中の食品となってしまった、といっていいだろうからだ。魚肉ソーセージはインスタント・ラーメンと並んで、戦後日本の加工食品の二大横綱といわれる。戦前から研究は続けられてきたのだが、昭和二十八年、第五福竜丸のビキニ環礁における被爆で多量の放射能汚染マグロが埋められて、マグロの値段が暴落したのをきっかけに、よい包装材料の出現と相まって世に現われ、たちまちものすごい勢いで国民の食生活にしみ通っていった。ことに青少年層に喜ばれた。魚より肉を喜ぶ若者の洋風化志向を安直に満たすものだったからだ。この〝魚肉〟製品は戦後の庶民の〝肉食〟をリードしたといっていい。

その売行きの伸びが止まったのは昭和四十年ごろだ。それにとって代ったのはもちろんほんものの畜肉ハム、ソーセージだが、忘れてならないものにかまぼこがある。現在の生産量は昭和のはじめの十倍以上だ。人口は同じぐらいだし、輸出量は知れているから、私達は昔にくらべて、むやみにかまぼこをたべていることになる。この典型的な日本の伝統食品は戦後のいわゆる食の洋風化のあらしをくぐり抜けて、魚肉ソーセージにとって代っていま日本人の食生活のアイドルとなりつつあるのだ。

魚肉ソーセージの斜陽と畜肉ソーセージとかまぼこの隆盛の裏に、戦後日本の食生活の〝洋風化〟の姿が浮彫りにされている。それは一口に言えば「洋」と「和」二つながらの隆盛だ。まがいものでない東西食品の平行的な増大だ。考えてみると、こういう例はほかにも多い。西洋キノコ（マッシュルーム）の侵入を許しながらブームの絶頂にあるシイタケ。サラダの流行と平行しつつ、ますます多様になっていく漬物類。流行するホットドッグを路傍の軽四輪の「屋台」から一歩も近づけずに繁栄を続けるすし屋、そば屋、おにぎり屋、お茶漬け屋の類。

西洋化パターンの指標のひとつとされるものに動物性蛋白食品の増加がある。しかし、この内訳をある報告書から引用してみると、夕食には魚の和風煮もの、焼魚、揚げもの、いためもの、ゆでもの、むしもの、酢のもの、さしみなど和風の料理が月三〇回の夕食中二六回登場するのに対して、ステーキ、焼肉などの標準的西洋料理はわずか二・四回。ここには「洋風化」の片鱗もない――片鱗しかない。

米食の減少もよく指摘されるところだが、それがそっくりパン食にとって代られているのでもない。パンの消費量もまた減少しているのだ。そして動物性食品が増加している。米食の減少は、これだけはたしかな脱穀類ないし脱デンプン傾向、あるいはいっそ「脱主食」傾向のひとつのあらわれでしかない。主食が減り、魚も含めて副食が多くなっていくというパターンにだけは、たしかな西洋化の姿を見ることもできる。その西洋化はかならずしも肉や西洋料理にのみ依存したものではないのだ。

日本文化のお手本

日本の文化の曲り角には、いつもお手本があった。古くは奈良・平安時代の中国、そして明治の西洋。どちらの場合にも、日本の上流階級や識者はいじらしいほどにお手本に忠実で、かつ、それを庶民にも押しつけようとした。食の面でも例外ではなく、福沢諭吉は『肉食の説』を書いて肉食を推奨し、明治天皇は宮中で肉を食べて範を垂れ給うた。明治三十年前後にはいろいろな西洋料理法の本があらわれた。そのひとつの序文（『日用百科全書』の中の「西洋料理法」）には、こうある。

「西洋料理は一見はなはだ複雑にして、かつぜいたくなるものの如し。しかれども吾人は、その流行のただ中以上の社会のみにとどまらず、一般社会のあまねく、その滋味のいかに美なるかを味ひ心身の強壮をはからむことを欲す」（傍点筆者）

とうてい、一料理書の序文などにふさわしからぬ、格調の高い文章である。そして、この文章ははからずも、当時の庶民の西洋料理への抵抗を物語っている。西洋ふうの館に西洋の衣服をまとうて集い、西洋料理を食べて西洋の酒を飲んで西洋の踊りに明け暮れた鹿鳴館時代を謳歌したのは「中以上の社会のみ」に止まっていた。それはちょうど「青丹よし奈良の都」の色鮮やかな唐風の建築群が、都だけのもので田舎の庶民には遠いものであったように、明治の庶民からは遠いものだった。

肉はうまい。だから肉食そのものは庶民も素直に受け入れた。が、かれらは、〝千年も昔の日本料理のたべ方〟を拒否した。そしてたぶんさしみのつくり方にしたがって牛肉を薄く刻み、ちり鍋やぼたん鍋の方法に従って野菜と共に鍋にぶち込んだ。そして伝統の調味料である醤油で味つけをした「牛鍋」や「すきやき」として、文明開化が突如もたらしてくれた肉食を楽しんだ。露店の屋台で牛肉を串にさしたものを煮て客に供する「煮込み」という方法も工夫された。味噌漬けにもした。それらは西洋料理ではなく、牛肉を素材にした「日本庶民料理」だった。そして、明治以来百数年、すきやきは今も日本人の肉料理のトップの座を保っている。いや、すし、てんぷらとならぶ日本料理のひとつとして外人に愛されているのだ。

だから、日本人の肉食など、ままごとみたいなものだ、という人もある。厚さ二センチもある血のにじむ肉塊に毎日のように食いついている欧米人にくらべて、たまに一〇〇グラムか二〇〇グラムの肉の薄片を野菜と煮て食うだけの日本人の食べ方は、たしかに肉食のまねごとに過ぎないし、それも霜降りの、しゃぶしゃぶの、と歯がなくても食えるような肉を賞揚するありさまは、むしろ大人の食卓に対するベビーフードみたいなものだろう。

この事情は牛乳についても同じだ。これも明治以来、知識人や栄養学者によって必要性が説かれ、日本人も大分牛乳を飲むようになったといわれるが、それでもフランス人の十分の一以下で、赤ん坊を除けば、ことに大人の牛乳消費量などままごと以下だといっていい。

何事によらず欧米を目標にして歩んで来た百数年だったが、ことに食生活の「改善」という時、それはもっぱら西洋化の方向に指導されてきた。そのことは、たぶん日本人の食生活の伝統的な貧しさと無関係ではないだろう。質素倹約を旨とし、美食をいましめた武士の伝統は、いまも年輩の人の頭の中に生きている。大石内蔵助は、ある時、牛肉を贈られて、その礼状に、おかげで元気になったが、「せがれ主税などには悪しかるべく」などと書いている。精がついて困るだろうというわけだ。

だから、肉食をはじめ洋風の材料や料理は従来の日本食を変えることなく、それに単に加わっていくことによって「栄養改善」の目標の眼目となってきた。ことに戦後の日本人の「無」に近かった食生活の上に、西洋料理はただ乗っかりさえすればよかったわけだ。が、日本人は食の貧しさから常態へ戻るに当たって、決して洋風化の道を選ばず、学校給食による子供の嗜好――パンと牛乳とハンバーグ――を除いては、いったん日本式の米食、魚食、菜食のパターンに戻ることから復活をはじめた。そして、それに洋風のものを加えていった。なにもかもアメリカ一辺倒で、すべての日本的なものが捨てられていった昭和二十年代、食生活と言語生活（日本人は世界でいちばん英語の下手な国民であることを今も続けている）だけは頑強にアメリカに抵抗して来たわけだ。だから、明治以来の日本人の食生活の変化とは、要するに貧しさから豊かさへの変化ということになろう。洋風化とともに伝統食品もまた伸びていく現象は、決して奇異とするに足らない。

中国料理を忘れていた日本

奇異なのはむしろ食生活の向上の合理化を「西洋」に求めて来た点だ。邱永漢氏は「日本人は肉食の民族を手本にするに当たって、もっとも近い肉食の民である中国を忘れていた」という意味のことを言っている。豚と鶏と水産物を油を使ってたっぷり食べる中国。世界有数の長い美食の国を、奈良・平安朝にはあれほどお手本にしながら、千年後の明治の再出発に当たっては、たしかにすっかり忘れて、もっぱら太平洋をへだてた西洋に目を向けていたらしい。もちろん、中国料理は西洋料理より早くすっかり日本人の食生活に根を下ろしているが、それはもっぱら中国料理が日本人の口に合ったからで、識者や政治の洋風化のかけ声とは無縁のところで、日本庶民に愛されて来たのだ。邱永漢氏は言っていないのだが、これが明治以来の指導者の中国蔑視の風潮の所産でなければ幸いである。いや、いまにわかに中国が大きく見えて来てうろたえているからといって、今の政府だけを笑い、ののしるのは、ひょっとしたら酷に過ぎるのかも知れない。西にばかり目を向けるのは明治以来の日本の政治家の伝統だったのかも知れないのだ。

食生活の洋風化に大きな役割を果したものに、加工調理食品がある。コーヒーやスープが家庭に浸透したのは、もっぱらインスタントものによってだったといっていい。コーヒーはサイフォンかパーコレーターなどの器具と技術が必要だし、スープは長時間煮続ける必要がある。インスタント・コーヒーやブィヨンのキューブがなかったら、この二種の食品は決して今のように家庭に入り込んではいなかっただろう。ステーキやローストビーフはともかくとして、一日中考えていなければならぬほどフランスなどにはめんどうな料理が多い。インスタントだから流行する、というお手軽な「洋風化」から見ればまだまだはるかなところに西洋料理はあるようである。

人類の食生活——あとがきに代えて

『旧約聖書』によれば、神は自分の形に人を作って、祝福を与えたあとで、「全地のおもてにある種をもつすべての草と、種のある実を結ぶすべての木をあなたがたに与える。これはあなたがたの食物となるであろう」といったという。どうやらこれが採集経済のはじまりだ。このあと、「生めよ、ふえよ、地に満ちよ、地を従わせよ。また、海の魚と、空の鳥と、地に動くすべての生きものを治めよ。すべて生き動くものはあなたがたの食物となるであろう」ともいった。狩猟と肉食のすすめとうかがえる。

このころ、地球上の人口は約三〇〇万だったろうと推測されている。神に従って人は生み、ふえ、〝地に満ち〟た。こんにちの人口・食糧問題は、神のすすめだったらしい。もしそうなら、神はこんにちのこの事態に対して、なにがしかの責任を感じねばなるまい。それはとにかく、聖書なぞ持ちだしたのは、神話といえども、いや、神話なればこそ、食生活に関しては、その環境にたいへん忠実であるということと、人類の食生活とは気候、風土と、それらがもたらす動植物に一〇〇パーセント依存するものだということをいいたかったからだ。

日本の神話は「豊葦原の瑞穂の国」という国名からして、すでに農耕文化の物語だ。有名な「国引き」伝説も、土地を引っぱってきたというよりは、農耕のための開拓、農地化と考えた方が自然だ。日本神話は壮大に天地創造の場面から説き起こされているわりには、食物に関する限り稲、粟、小豆、麦、豆などの栽培穀類の起源から始められていて、かなり文明段階での神話（?）ということができる。

人間の食物とは要するにもともと自然にある動植物のうち、長い〝試食〟の歴史の結果、可食とみなされたものの集大成だ。だから、民族の環境がその民族の食生活を規定していった。なかには、多くの木の実のように、そのままで食べては毒だが、煮たり、アク抜きをすればうまく食べられるものも多い。〝調理〟はこうして人類の食生活に不可欠のものとなり、素材と調理とがセットになることによって人間の食の文化は発達していった。

こんにち、人類は全体としてみると昆虫から哺乳類にいたるまで、実にいろいろなものを食べている。虫やタコ、イカなどの例にみられるように、一つの民族の常食を他の民族が絶対に食べない、という例は多いが、昆虫やクモを食べない大多数の日本人も、同じ節足動物であるエビやカニを喜んで食べるし、タコやイカを毛ぎらいする大多数の欧米人も、同様軟体動物である貝類は食べている。このような食物の偏りに適応しながら地球のすみずみまで、人は浸透していった。

瀬にいてナワバリをもつ鮎は苔を食べる〝菜食〟だが、ナワバリをもてない鮎は淵に群を作って、水中の微小動物を捕食する〝肉食〟になるという。人は鮎よりもずっと器用に環境に適応して繁栄した。人にそれを可能にしたのはこの〝雑食〟にほかならない。

南太平洋ではカロリーを芋類に依存する農業が発達した。花や実りを与えぬ植物の培養だ。それは土地からの栄養獲得の方法としては簡単だが、意外なおとし穴を人にもたらした。芋類は穀類に比し、目方の割合にカロリーが低い（一〇〇グラム当り米や小麦の約三三〇カロリーに対し、サツマイモで一二〇カロリー、ジャガイモで約八〇カロリー）だけでなく、腐敗しやすい。貯蔵にも運搬にも交易にも不利だ。食物が富や権力の象徴となるために、つまり、権力者が生まれて庶民から富を集め、それを再分配する、という形の階級制度や商業が生まれ国家や経済が生まれるためには、芋は不適だった。人々は原始的な共産自給の状態にとどまった。

これに反して温帯では穀物の栽培が盛んに行なわれた。ことに麦と稲は重量当りの栄養が多く、ある程度貯蔵もきく。温帯には強大な国家が生まれ、文化が育っていった。

大ざっぱにいって、以上が寒帯の肉食、温帯の穀食、熱帯の根栽の食生活の分化の歴史、といえるだろう。もちろん、水の得やすさ、気候、風土によっていくつかの地方に例外は見られるけれども。

農耕がはじまって約五百年後の日本の食生活は『三国志』「魏志倭人伝」によってうかがい知ることができる。海産物、稲、野菜、などを食べ、酒も好きだった。食物は手づかみで食べていた。箸が文献にあらわれるのは『古事記』で、須佐之男命《すさのおのみこと》の八岐の大蛇退治のくだりだが、天照大神を卑弥呼と考えるなら、箸はこのころ少なくとも出雲では使われていたことになろう。もしこれが奈良時代、『古事記』が書かれたころの説話としてもほぼ八世紀には箸は使われていたわけだ（はじめはピンセットのようなものだった）。

西洋では食卓でのスプーンの使用は十六世紀の終りごろからで、フォークの方はそれよりおくれて使われ出したものだった。

固形物を口に運ぶための食卓用食器としては世界的にみて箸とフォークだけのようだ。この二つは「はさむ」と「突きさす」で対応するが、同時に箸を使う民族では食卓にナイフがないのがふつうだ。これは食物の切り方、つまり台所ですでに材料がほぼ一口に入る大きさに切られているか、大塊のまま食卓に供されているかのちがいと、もう一つは食物の軟らかさ、つまりほぼ二本の箸でこなせるかどうか、といったことと関係づけられよう。

前者は台所での、つまり調理の段階での〝切る〟という操作の占める地位に対応する。西洋の家庭にはマナイタはなく、切るという操作にはまったく重点が置かれないのに比し、日本では切る（美しく切る）ことに重点が置かれる。日本料理は〝切る料理〟なのだ。後者、つまり食物の硬軟は、肉食と魚菜食との間の線で区別できるかも知れない。よくトンカツは日本料理だといわれるが、いわゆる〝トンカツ屋〟などで箸で食べやすいように切ってくれてあるカツレツなどを見ると、その感が深い。

明治の世があけて、畜肉は庶民に解放された、というより、文明開化に急な維新政府によって、欧米への窓として肉食が奨励された。そして、庶民は牛肉にとびついたのだが、この時に工夫され、いま〝外人の好きな日本料理〟の第一として定着したすきやき（牛鍋）ほど、食習慣の進取と保守の融和をみごとにえがき出しているものはないだろう。

日本人の肉食は政治に左右され続けてきたが、庶民は健全だった。庶民は喜んで肉を食べだしたが、政府が考えたほどには日本の〝肉食〟は西洋料理や欧米化の世相を描き出しはしなかった。庶民はかねて鳥の肉や魚でつくり慣れていた鍋ものの中へ、鳥や魚の代りに牛肉をぶち込んで煮て箸で食べることで、大っぴらになった肉食と開化の香りを謳歌したのだ。

食生活が広がるとき、新しい材料が馴れた料理法で処理されて急速に普及するのは、よく見られる現象だ。次には料理法が民族の嗜好によってねじ曲げられながら普及する。それにしても、明治以後の日本人の畜肉類への傾斜は加速度的だ。ゼロから出発して第二次大戦までの七十年間に、肉を庶民の味覚の頂点とする生活ができ、その後の三十年間に曲りなりにも西洋料理は〝ハレの日〟（結婚披露宴や少しあらたまったもてなしなど）の料理としてめずらしくもないものとなった。こんなところにも、日本人の嗜好や西洋へのあこがれのせいというだけでは片づけられない、民族のエネルギーのようなものを感じる。

こんにち、日本ほど食が生活の話題として賑わっている国はないだろう。めまぐるしく変わる食生活の中で栄養学者も文化風俗史家も統計家も、数字をみつめ、ほんの数年先を占なうのに毎年いそがしい。

世界各国の料理を取入れながらも、伝統的食物や料理も失うまいと国民は必死だ。しかし、テレビの日本料理番組の隆盛は、それ自体、国民の日本料理への離反を物語っているといえないだろうか。野菜と魚と米と海藻と、それらの煮つけや漬物によって、いったん完成しかかっていた日本の食生活はいま大きく変わろうとしている。続々と入ってくる新しい材料と料理法が、従来の方法ととけ合って、もう一度日本料理を完成にみちびくか、この多彩な混乱のまま並行線を辿るかは、実は誰にもわからない。ほとんどの日本人は千数百年来の調味料である味噌や醤油から一日でも離れては暮らせないのが現状だ。そして、同じく千数百年の昔からすべての文明の兄だった中国の料理群も、私たちの嗜好の中にどっしりと腰をすえている。

調理食品やインスタント食品の隆盛は、その方向を占う一つの鍵になるだろう。がんらい、肉製品や乳製品の隆盛の裏側で、すさまじい伸びを示し続けていたかまぼこ、ちくわ、しいたけなどの伝統食品があった。この和洋両様の構えは時代の寵児コンビニエンスフード類をもくっきり色分けしている。スープの素、マッシュポテトの素、シチューの素などの洋風品と、味噌汁の素、和風風味料などの和風品の間には、どちらもインスタントだということを除けば、その間に嗜好上のつながりはほとんどない。あるのは日本人の鼻と舌の移り気だけだ。

食文化の歴史は食文化の混合の歴史だ。日本人の食物の中で、有史以前から日本にあったものは、柿、ウド、フキ、ヤマノイモ、マツタケぐらいのものだったということだ。あとはすべて外国から海を越えて伝えられ、同化して来た。料理法だって、事情は同じだ。いま、豆腐や醤油の原料の大豆やそばが外国産だ、などといって溜息をつくのは、たぶん当たらない。考えてみれば、〝日本料理〟自身、昔、どこかから渡来した材料が別の時代に渡来した料理法で料理されたものともいえるのである。

　中央公論社から、食生活の文化的な側面について書くようにとの注文があり、ここ数年いろいろなところに発表して来た文章のうち、巻末に挙げた各誌掲載の文化史的なものを選んで、それらを中心にして書き加えてまとめてみた。

　文化的な側面と書いたけれど、実をいうと食生活は社会、政治、宗教、嗜好といった文化全体の影響の方が、栄養としての側面より大きく、それがまあ人間と動物の違いの一つともいえる。食品生化学の専攻なので、栄養的な面からだけ食生活を見るようになりがちなのだが、考えてみると、多様な文化をつくる多様な食形態を、その栄養的な面についてあとづけしているだけかも知れないと思っている。

　すでによく取沙汰されているように、人口の増加による世界的食糧不足の時代が数十年以内にはやって来よう。そうなったら、栄養の追求がすべてとなって、食文化などといっておれない時代となろう。この小著はそうなる前の、豊かな二十世紀末の食のモニュメントの趣意書の一つということになろうか。執筆に当たって、左記の著述を参考とし、または引用した。いずれも食生活の文化を探るための好著である。

『肉食の思想』鯖田豊之著　中公新書
『食事文化』石毛直道編　ドメス出版
『栽培植物と農耕の起源』中尾佐助著　岩波新書
『料理の起源』中尾佐助著　ＮＨＫブックス
「食卓の文化史」春山行夫「栄養と料理」
『奈良朝食生活の研究』関根真隆著　吉川弘文館
『食生活を豊かにするパンの話』辻静雄著　神戸屋
『味百年』日本食糧新聞社
『食物百話』天野慶之著　評論社
『食物史』森末義彰・菊池勇次郎著　第一出版
『たべものと日本人』河野友美著　現代新書
『食物の歴史』露木英男著　徳間書店
『食味歳時記』獅子文六著　文芸春秋

「栄養と料理」「食の科学」「食生活」「サラダクックブック」「保健の科学」「月刊食糧」「にんげん百科」「ホテル・レストラン」「都市住宅」

他に『食品事典』河野友美著、『事物起源事典』朝倉治彦・安藤菊二・樋口秀雄・丸山信著、『ものしり事典』日置昌一著、『明治屋食品辞典』明治屋調査課編。

上梓に当たっては中央公論社の永倉あい子さんの御努力に負うところが大きい。記して厚く御礼申上げます。

一九七五年十一月

著　者

『食の文化史』を読む

江原絢子

『食の文化史』は、一九七五年（昭和五十）大塚滋氏により、中央公論社の「中公新書」として刊行された著書である。

本書刊行の前から「食物史」や「食生活史」などの食の歴史書が刊行されていたが、食に文化をつけたことばはまだ一般的とはいえなかった。食文化を学問として研究する必要性を強く提唱したのは、石毛直道氏（現　国立民族学博物館名誉教授）である。同氏の編著書『世界の食事文化』（一九七三年）はその後の食文化研究にも影響を与えた。

このような動きのなかで、大塚氏は、本書と同じ年に、石毛氏、篠田統氏との共著による『食物誌』（中央公論社）を刊行された。同書は「読売新聞」に三人の交代により執筆したものがもとになっている。そのあとがきに、食物史は道楽で学問とは程遠いと世間から誤解されているが、「冗談じゃアない」としてその理由などを篠田氏が書いている。本書もわかりやすい随筆風の表現のなかに、重要な指摘が随所にみられる食文化論の書である。

なお、食に「文化」を冠した本書以前の書物に、小澤滋著『日本の食物文化』（大日本出版社峯文荘　一九四〇年）、青木英夫・大塚力著『食物文化史』（雄山閣出版　一九五七年）などもみられるが、飲食の文化の研究が本格化するのは、欧米を含め一九八〇年代とされるから、本書は「文化」をタイトルにした比較的早い時期の食の著書といえよう。


大塚氏は、一九二八年、新潟県に生まれ、大阪大学理学部化学科を卒業。その後、一九六一年に「肝臓ニトロ基還元酵素系に関する研究」で大阪大学より理学博士を取得された。米国ウースター生物学研究所研究員、東洋食品工業短期大学教授などを経て一九九八年まで武庫川女子大学教授として勤務され、その後も同大学などの非常勤講師をされた。同大学で開催された二〇〇七年の講演会記録では、大塚氏の専門は、食品生化学、食文化論とあり、日本化学会、日本文芸家協会会員とある。

大塚氏の他の著書の一部を紹介すると、文化的なものに、『たべもの文明考』（朝日新聞社一九七八年、初版一九七一年）、『食の生活学』（東京書籍　一九七九年）、『味の文化史』（朝日新聞社　一九九〇年）などがある一方、飴山實・大塚滋共編『酢の科学』（朝倉書店　一九九〇年）など自然科学的書籍や翻訳書もある。その後も食文化研究が進むなかで、さらに執筆活動は続く。例えば大塚滋・川端晶子編著『21紀の調理学1　調理文化学』（建帛社　一九九六年）や石毛直道監修『講座食の文化二　日本の食事文化』（味の素食の文化センター　一九九九年）にも執筆者の一人として加わり、食文化の雑誌『ｖｅｓｔａ』（味の素食の文化センター）の特集号の責任編集者や執筆者としても活躍されてきた。

本書は『栄養と料理』『食の科学』『保健の科学』など数種に連載したものをまとめたものである。年代順ではなく、日本の食文化だけを扱ったものでもない。その目次は、「肉食の文化史、豚肉考現学、鶏肉ものがたり、魚と日本人、菜食民族、野菜と欧米人―サラダ小史、米食の歴史、めん類文化、パンを食べる人、牛乳と文明、バターの話、醬油文化、おせち料理、手作りへの回帰、日本の味と香り、洋風化のままごと、人類の食生活―あとがきに代えて」と、個別のタイトルがついている。そのなかから特徴的な点をとりあげたい。

本書が「肉食の文化史」にはじまり、豚肉に多くの頁を割いている点は特徴の一つである。本書刊行時でも日本人の肉の摂取量は多いとはいえず、肉食禁忌が続いた日本では主要食材とはいえない歴史が長いからでもある。

「豚肉考現学」では、豚肉をタブーとする宗教の話題がある。豚を好む中国人に回教徒なども含む農業協同体では、豚肉食以外に豚皮の靴やかばんの使用の有無が問題になるという。宗教の異なる者が協同体で協力し合うことは、想定されていなかったのか、経典にもないと述べられている。また、豚肉タブーの規律を守っている留学生が機内食のポークチョップを食べた理由として、航空機は山より高いところを飛ぶため、宗教の支配を受けないからと答えたことに対して著者が体験した「唯一の例外」と説明している。異文化交流がさらに盛んになっている今、異文化理解は進んでいるといえるのだろうか。

日本では、豚の飼育の開始時期が議論されてきた。最近の骨の科学分析によると、水田稲作とともに家畜化された豚が持ち込まれた可能性が高いとされたが、本書では、『古事記』『日本書紀』『続日本紀』の記事から古代の豚の飼育を推察しているのも興味深い。

また、アメリカの「豚肉工場」が近い将来採用されるとし、「豚の生命力というのは人間が食えないものを、食えるたんぱく質と脂肪にかえる機械で、豚の肉というのは一種の加工食品だ」と断じている。このことはブロイラーの問題点としてもあげられている。今日大事な動物のいのちをいただくという感覚がなくなっているのも仕方がないのだろうか。

「魚と日本人」では、平安時代の饗応食は、中国の食事作法も様式も模倣したが「食べもの自体は、豚などには手を出さず、魚や鳥中心の生活に固執していた」とある。真似るなら食材もと考えても不思議はないが、どの国でも異文化の受容の形は一様ではなく、自分たちに都合の良い部分をとりいれるようだ。何を入れて何を捨てるのかが、各文化の特徴でもあることを改めて考えさせられる。

さらに、日本人は、総動物性たんぱく質の六〇パーセント以上を魚類に依存しており、依然として日本人は「魚食民族」だと記されている。しかし、すでに四五年の歳月が流れ、一人一日当たりの魚介類の摂取量は、一九七五年の約九四グラムから約六四グラム（二〇一七年）と減少し、一方、肉類は、六四グラムから九九グラムと増加して魚と肉は逆転している。魚食民族ともいえなくなっているのかもしれない。

「米食の歴史」の冒頭に、「食事とはめしを塩味とともに食べることにほかならなかった」とある。だし類や味噌、醬油は、塩をマイルドな味にした「塩の味つけ」であり、塩昆布、塩鮭、つくだ煮なども「塩の変型」で、「米塩の資」（生活費）はこんな食生活を下地に生まれたと説明されると、なるほどと納得させられる。

棚田をみると美しい「自然」と思いがちだが、本書では、「水田こそは人工の極みといってもよい」と述べ、野生の性質を失った稲は「人間の保護なしにはそだたない、ひよわな、しかし澱粉だけは豊富にたくわえる道具になってしまった」とし、米に依存する生活は、脚気《かっけ》などの問題を生み出したと歴史を記している。この指摘で思い出すのは、最近の話題書、ユヴァル・ノア・ハラリ『サピエンス全史』（河出書房新社　二〇一六年）の「農業革命」の記事である。野生の草だった小麦の栽培に労力を注ぎ世話を続けることで多くの疾病がもたらされ、小麦を栽培化したのではなく小麦が私たちを家畜化したと述べている。本書の内容とどこか類似しており、食の発展とは何かを考えさせられる。

米の摂取量は、一九六〇年頃から減少の一途をたどる。本書では、三年間で一〇キログラムずつのペースで減っていっているので、このペースのままなら一九八〇年には〇キログラムとなるが、いくら何でもそうはならないだろうと述べ、「一人当たり（年間）五〇キログラムぐらいに落ち着くだろう」と記している。食料需給表によれば、一九七五年の主食用米の消費量は、一人当たり年間約八六キログラム（一日二三五グラム）だが、二〇一九年では、年間約五二キログラム（一日一四〇グラム）である。予想通り落ち着いているといえるのかもしれないが、一日当たりで見れば当時よりおよそ一食分は減っている。

醬油については、「日本料理の敗北原因は醬油だという言説がある」ではじまる。百年ほどの国際競争により、西洋料理や中国料理などに対し、日本料理は決定的に敗北したといわれているとの言説を説明し、「それは醬油があまりにもうまいからだ」と述べている。醬油のうまさに依存して素材の風味や味を楽しむ苦労を怠ったためだという。そして、醬油の歴史を概観し、醬油がどんな料理にもあう万能調味料として海を渡ったと述べ、「日本料理はたしかに敗北したかもしれないが、醬油は世界のどこの調味料にも明らかに勝ったのである」と結んでいる。その後日本料理は多くの国に受容され、二〇一三年にはユネスコ無形文化遺産に「和食」が登録された。農林水産省の発表（二〇一九年）では、世界の日本食レストランは一五万六〇〇〇店となった。この変化は予想外だったのだろうか。

あとがきの「人類の食生活」では、人間の食物とは自然にある動植物のうち、「長い試食の歴史の結果、可食と見なされたものの集大成だ」と述べ、民族の環境がその民族の食生活を規定したという。また、「調理」は食べられるものを多くし、素材と調理がセットになることで人間の食の文化は発達していったとも述べられている。人類の食とは何かが問われている今、本書の指摘も今日的なものといえる。さらに「続々と入ってくる新しい材料と料理法が、従来の方法ととけ合って、もう一度日本料理を完成にみちびくか、この多彩な混乱のまま並行線を辿るかは誰にもわからない」と、読者に課題を残して終わっている。

本書が刊行された一九七〇〜八〇年は、平均的にみれば日本人の食事は、優れたバランスを保ち、後に「日本型食生活」とも呼ばれた。しかし、一方で都市部にファミリーレストラン、ファストフードなどが広がり、食生活の簡便化が問題となった。本書で述べられている食の課題は、半世紀後の今日でも未解決のまま続いているものも多い。食文化は、今後も変化するだろうが、どちらの方向に向かおうとしているのか、食の発展や変化は、我々に満足を与えているといえるのか、本書を読みながら新たな課題が浮かんでくる。

（二〇二〇年一一月）

（東京家政学院大学名誉教授）

本書の原本は、一九七五年に中央公論社より刊行されました。

著者略歴
一九二八年　新潟県に生まれる
一九五二年　大阪大学理学部卒業
大阪府立大学助手、東洋食品工業短期大学教授、武庫川女子大学教授を歴任　理学博士

〔主要著書〕
『たべもの事始』（淡交社、一九八四年）、『味の文化史』（朝日新聞社、一九九〇年）、『パンと麺と日本人』（集英社、一九九七年）、『食育うんちく事典』（建学社、二〇〇八年）など

読みなおす日本史

食の文化史

二〇二一年（令和三）四月一日　第一刷発行

著　者　大《おお》塚《つか》　滋《しげる》
発行者　吉　川　道　郎
発行所　株式会社　吉川弘文館
郵便番号一一三―〇〇三三
東京都文京区本郷七丁目二番八号
電話〇三―三八一三―九一五一〈代表〉
振替口座〇〇一〇〇―五―二四四
http://www.yoshikawa-k.co.jp/
組版＝株式会社キャップス
印刷＝藤原印刷株式会社
製本＝ナショナル製本協同組合
装幀＝渡邉雄哉

ISBN978-4-642-07161-1

刊行のことば

現代社会では、膨大な数の新刊図書が日々書店に並んでいます。昨今の電子書籍を含めますと、一人の読者が書名すら目にすることができないほどとなっています。ましてや、数年以前に刊行された本は書店の店頭に並ぶことも少なく、良書でありながらめぐり会うことのできない例は、日常的なことになっています。

人文書、とりわけ小社が専門とする歴史書におきましても、広く学界共通の財産として参照されるべきものとなっているにもかかわらず、その多くが現在では市場に出回らず入手、講読に時間と手間がかかるようになってしまっています。歴史の面白さを伝える図書を、読者の手元に届けることができないことは、歴史書出版の一翼を担う小社としても遺憾とするところです。

そこで、良書の発掘を通して、読者と図書をめぐる豊かな関係に寄与すべく、シリーズ「読みなおす日本史」を刊行いたします。本シリーズは、既刊の日本史関係書のなかから、研究の進展に今も寄与し続けているとともに、現在も広く読者に訴える力を有している良書を精選し順次定期的に刊行するものです。これらの知の文化遺産が、ゆるぎない視点からことの本質を説き続ける、確かな水先案内として迎えられることを切に願ってやみません。

二〇一二年四月

吉川弘文館

読みなおす日本史

地理から見た信長・秀吉・家康の戦略　足利健亮著　二二〇〇円
神々の系譜 日本神話の謎　松前　健著　二四〇〇円
古代日本と北の海みち　新野直吉著　二二〇〇円
白鳥になった皇子 古事記　直木孝次郎著　二二〇〇円
島国の原像　水野正好著　二四〇〇円
入道殿下の物語 大鏡　益田　宗著　二二〇〇円
中世京都と祇園祭 疫病と都市の生活　脇田晴子著　二二〇〇円
吉野の霧 太平記　桜井好朗著　二二〇〇円
日本海海戦の真実　野村　實著　二二〇〇円
古代の恋愛生活 万葉集の恋歌を読む　古橋信孝著　二四〇〇円
木曽義仲　下出積與著　二二〇〇円

足利義政と東山文化　河合正治著　二二〇〇円
僧兵盛衰記　渡辺守順著　二二〇〇円
朝倉氏と戦国村一乗谷　松原信之著　二二〇〇円
本居宣長 近世国学の成立　芳賀　登著　二二〇〇円
江戸の蔵書家たち　岡村敬二著　二四〇〇円
古地図からみた古代日本 土地制度と景観　金田章裕著　二二〇〇円
「うつわ」を食らう 日本人と食事の文化　神崎宣武著　二二〇〇円
角倉素庵　林屋辰三郎著　二二〇〇円
江戸の親子 父親が子どもを育てた時代　太田素子著　二二〇〇円
埋もれた江戸 東大の地下の大名屋敷　藤本　強著　二五〇〇円
真田松代藩の財政改革 『日暮硯』と恩田杢　笠谷和比古著　二二〇〇円

吉川弘文館
（価格は税別）

読みなおす日本史

- 鎌倉幕府の転換点 『吾妻鏡』を読みなおす　永井　晋著　二二〇〇円
- 奈良の寺々 古建築の見かた　太田博太郎著　二二〇〇円
- 日本の神話を考える　上田正昭著　二二〇〇円
- 信長と家康の軍事同盟 利害と戦略の二十一年　谷口克広著　二二〇〇円
- 軍需物資から見た戦国合戦　盛本昌広著　二二〇〇円
- 武蔵の武士団 その成立と故地を探る　安田元久著　二二〇〇円
- 天皇家と源氏 臣籍降下の皇族たち　奥富敬之著　二二〇〇円
- 卑弥呼の時代　吉田　晶著　二二〇〇円
- 皇紀・万博・オリンピック 皇室ブランドと経済発展　古川隆久著　二二〇〇円
- 日本の宗教 日本史・倫理社会の理解に　村上重良著　二二〇〇円
- 戦国仏教 中世社会と日蓮宗　湯浅治久著　二二〇〇円
- 伊達政宗の素顔 筆まめ戦国大名の生涯　佐藤憲一著　二二〇〇円
- 武士の原像 都大路の暗殺者たち　関　幸彦著　二二〇〇円
- 海からみた日本の古代　門田誠一著　二二〇〇円
- 鳴動する中世 怪音と地鳴りの日本史　笹本正治著　二二〇〇円
- 本能寺の変の首謀者はだれか 信長と光秀、そして斎藤利三　桐野作人著　二二〇〇円
- 餅と日本人 「餅正月」と「餅なし正月」の民俗文化論　安室　知著　二四〇〇円
- 古代日本語発掘　築島　裕著　二二〇〇円
- 夢語り・夢解きの中世　酒井紀美著　二二〇〇円
- 食の文化史　大塚　滋著　二二〇〇円
- 後醍醐天皇と建武政権　伊藤喜良著　（続　刊）

吉川弘文館
（価格は税別）